物流作业与技术实训教程

刘贵生 主编

電子工業出版社
Publishing House of Electronics Industry
北京 · BEIJING

内 容 简 介

本教材共分为六个模块，分别为采购作业实训模块、运输作业实训模块、仓储作业实训模块、配送作业实训模块、物流综合设计实训模块和物流技术实训模块。

本教材是一门综合型物流实训教程，以物流主要作业功能和作业技术为实训内容，按照各功能开展作业的实际流程安排教学顺序。以项目制、任务制开展教学活动，每个项目有项目准备、项目实施、项目评价和项目考核四大模块，真实再现物流各功能的主要作业，并体现物流各岗位的主要职责。

本书主要作为高等职业院校物流管理专业的实训教材，也可作为物流作业人员、技术人员的重要参考书。

图书在版编目（CIP）数据

物流作业与技术实训教程 / 刘贵生主编．—北京：电子工业出版社，2017.1

ISBN 978-7-121-30517-7

Ⅰ．①物… Ⅱ．①刘… Ⅲ．①物流－高等学校－教材 Ⅳ．①F252

中国版本图书馆 CIP 数据核字（2016）第 289976 号

策划编辑：刘少轩
责任编辑：胡辛征
特约编辑：赵树刚　彭　瑛等
印　　刷：涿州市京南印刷厂
装　　订：涿州市京南印刷厂
出版发行：电子工业出版社
　　　　　北京市海淀区万寿路 173 信箱　　邮编：100036
开　　本：787×1092　1/16　印张：15　字数：384 千字
版　　次：2017 年 1 月第 1 版
印　　次：2017 年 1 月第 1 次印刷
定　　价：36.00 元

凡所购买电子工业出版社图书有缺损问题，请向购买书店调换。若书店售缺，请与本社发行部联系，联系及邮购电话：（010）88254888，88258888。

质量投诉请发邮件至 zlts@phei.com.cn，盗版侵权举报请发邮件至 dbqq@phei.com.cn。

本书咨询联系方式：010-88254571，liusx@phei.com.cn。

前　言

随着物流业和分销服务业向国际市场全面开放，以及物流产业发展的制度环境日趋规范，中国物流产业将进入更高层次的发展阶段，呈现规模扩张、产业集中度提升、分工精细化、服务方式多样化、物流服务一体化、信息化、智能化等特征。因此，物流业的迅速发展迫切需要物流人才培养的有力支持。目前，开设物流管理专业的高职院校数量众多，各院校开设的物流专业各有特色，但是授课内容与现实应用之间普遍存在一定的差距，尤其是没有创新型和规范操作型的一体化教材。为了高效利用实训设备，创新型开展一体化教学，特邀请本专业教学实践经验丰富的教师编写了本教材。本教材的编写体现了以下特点。

（1）模块项目化运作。根据物流作业的不同环节，分模块进行编写，每一模块按照作业内容采取项目化的编写方式，较好地贴近物流业务现实环境。

（2）角色扮演。实践教学中，让学生扮演不同岗位角色，体现岗位之间的联系与互动，按照岗位职责实施教学内容，尽可能实现学生学习和岗位作业零距离。

（3）通过手工与信息化结合的方式演绎物流作业，强化学生的感性和理性认识。

（4）学生学习考核环节的科学化、规范化设计。实践教学中的考核具有操作性差、过程烦琐等特点，使考核难以有效进行。本教材采取标准化的项目评价和项目考核方式，在学生完成对应项目的评价基础上按照事先设计的考核内容、方式进行考核，实现了考核的可操作性和规范化。

本教材设计了 6 个模块，分别是采购作业实训模块、运输作业实训模块、仓储作业实训模块、配送作业实训模块、物流综合设计实训模块和物流技术实训模块。每一模块设计了 3～6 个实训项目，每个项目可在 5～18 学时内完成。模块的选取按照物流管理专业岗位能力要求而设，实训项目选取了物流各功能中主要的工作内容。

本教材中的模块一由王燕编写，模块二由梁婵卓编写，模块三由赵丽编写，模块四、模块六由刘贵生编写，模块五由张变亚编写。

教材的改革和创新任重而道远。本教材也是一种带有探索性的阶段性成果，其效果的实现还需要广大专家、读者的支持和关怀。由于我们的编写水平有限，本书难免有不足之处，恳请读者和有关专家提出宝贵意见，不胜感谢！

编者

目　录

模块一　采购作业实训

模块三　仓储作业实训

模块四 配送作业实训

模块一

采购作业实训

模块基本目标

知识目标
• 具有从事采购管理与库存控制必需的基础知识。 • 掌握采购管理应用的基本理论和基本方法。 • 理解采购管理与库存控制各环节操作应用的实现过程。
职业技能目标
• 掌握采购管理与库存控制的基本原理、基本知识和基本技能及方法。 • 学会分析和解决实际业务问题。 • 具备解决采购与库存活动过程中各种基本问题的能力。 • 具备对采购业务中的难题进行刻苦钻研，经过再学习使难题得到解决的能力。
职业素质养成目标
• 具有从事采购管理所必需的理论及实务操作应用的素质。 • 能熟练运用计算机从事采购管理活动中简单的采购与库存单据的制作、录入、处理、存储、传输、整理汇总等。 • 具备分析和解决采购管理与库存控制实际问题的基本能力。

模块实训项目

项目分解	项目名称	主要内容	建议学时
项目一	采购组织设计	设置组织架构，明确人员职责，画出工作流程	5~8 学时
项目二	物料需求计划编制	编制物料需求计划	5~8 学时
项目三	采购计划和采购预算的编制	资料的收集、采购计划的编制、采购预算的编制	5~8 学时
项目四	供应商管理	对供应商做出正确的选择和评价	5~8 学时
项目五	招标采购模拟	发布招标公告、投标、开标、评标	5~8 学时
项目六	采购谈判及合同管理	与供应商进行采购谈判，并签订采购合同	5~8 学时

项目一

采购组织设计

1.1 项目准备

1. 项目目标

（1）根据实际情况设计采购组织。

（2）对组织中人员进行职责设定及工作流程的设计。

2. 项目内容

设置组织架构、人员分工、部门和人员职责制定、工作流程设计。

3. 项目环境

笔、纸等办公用具。

1.2 项目实施

1. 项目组织

本项目分组进行，每小组由 5～6 人组成，每组设组长一名，所有项目内容在指导教师的指导下由组长领导组员实施。

2. 情景描述

分析既定的企业现状，做出适合企业需求的采购组织结构，对人员职责进行分工，并画出工作流程。

3．辅助资料

【案例 1】沈阳汽车制造厂相关情况及其组织管理结构图（见图 1-1-1）。

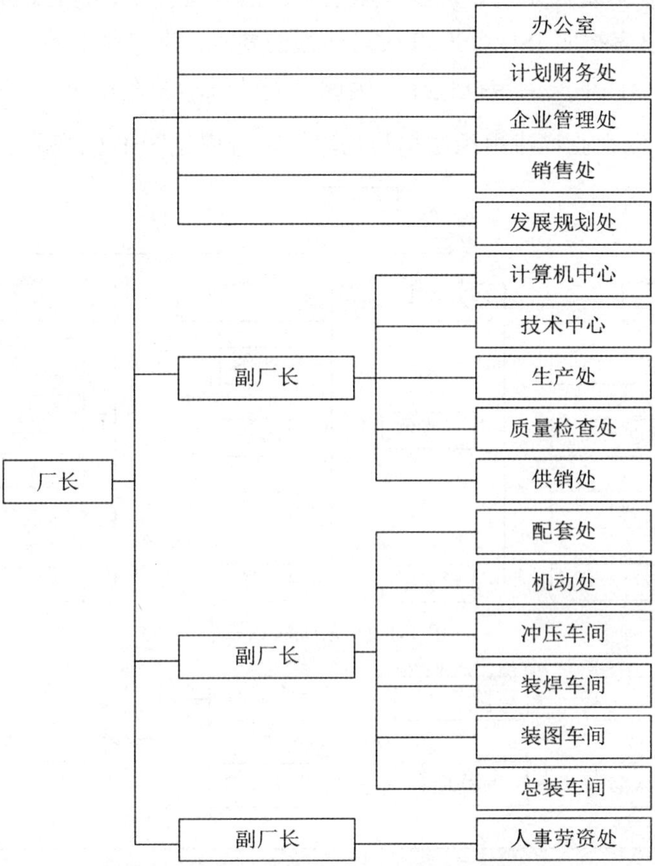

图 1-1-1　沈阳汽车制造厂组织管理结构图

沈阳汽车制造厂是一汽金杯汽车股份有限公司所属主机厂，自 1958 年建厂以来，几经改造，不断发展壮大，现为我国汽车行业的骨干企业。沈阳汽车制造厂占地面积为 41.7 万平方米，主要产品是轻型载货汽车，有 1020（一吨级）、1043（二吨级）和 1050、1060（三吨级）三大系列七十余个品种。在采购管理方面，沈阳汽车制造厂的采购管理模式完全沿袭了传统国有大中型企业的管理模式。

长期以来，在沈阳汽车制造厂，采购工作一直被认为是辅助型的工作，附属于制造、科研、销售、财务等机构之一。一方面，尽管原材料采购的成本占汽车总成本的 50%以上，但采购工作却一直不能得到关注。企业的领导层并没有认识到要保持产品的市场竞争优势，班子成员随意干涉采购具体业务，采购程序不规范，而且没有约束机制。另一方面，从组织机构来看，配套和供销部门作为采购的职能部门，归口管理却是负责生产制造的副厂长，没有专职的负责采购质量和技术开发的人员与之配合，采购职能分散在全场的多个部门，没有统一的采购系统，无法实行集中管理，很难做到提高采购质量、降低采购成本。从采购程序和供应商管理程序来看，其具体采购方式不够完善。对大宗、中宗、小宗物资的采购没有具体的界定，对何时采取招标采购、何时采用密封报价、何时沿用竞价采购，没有明确的规定；对如何采用定点采购、定点定价、定量采购及向直销商直接采购，也没有明确要求。对供应商的选择与评估，没有按照ISO/QS900质量体系的要求，建立科学的定期评审供应商质量保证能力的制度和配套件生产商审批程序。因此，无法推动整车质量水平的提高。

【案例2】某外资企业物流组织结构与物流管理流程见图1-1-2和图1-1-3。

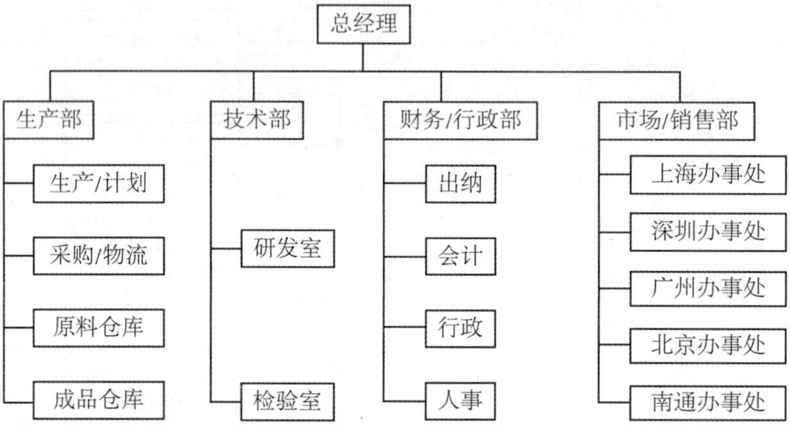

图1-1-2　物流组织结构

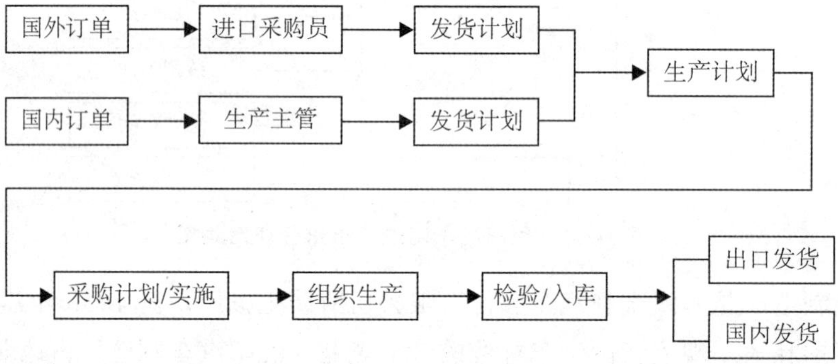

图1-1-3　物流管理流程

4．项目流程

（1）确定采购组织的结构。

（2）设立岗位，配置适当人员。

（3）确定各岗位人员数量。

（4）明确采购部门职责。

5．操作步骤

（1）根据案例中提到的企业现状，分析出存在的问题。

问题一：

问题二：

问题三：

（2）针对问题，提出解决办法。

针对问题一：

针对问题二：

（3）设计采购组织框架图。

（4）写出设计思路并画出组织结构图。

1.3 项目评价

项目完成组			项目名称		完成时间	
项目完成情况		是否完成	资料是否齐全	人员参与度	有无差错	完成质量
		是□ 否□	是□ 否□	高□ 低□	有□无□	高□一般□
项目主要问题分析	问题					
	原因					
	正确做法					

1.4 项目考核

被考核组名称			考核项目名称			
考核内容	组织、流程设计		人员分配	盘点作业质量		人员协作
考核评价（100分）						
小组总评						
被考核个人姓名		岗位		所属部门		
考核内容	个人评价	小组评价	教师评价	工作难度	作业质量	个人表现
考核评价（100分）						
个人总评						
综合评价得分		综合得分=（小组总评+个人总评）/2				

项目二

物料需求计划编制

2.1　项目准备

1．项目目标

（1）根据以往需求，用不同方法计算出当季或当年需求。

（2）根据 MRP 工作原理进行采购数量的计算。

2．项目内容

需求预测、物料需求计划编制。

3．项目环境

笔、纸等办公用具。

2.2　项目实施

1．项目组织

本项目分组进行，每小组由 5～6 人组成，每组设组长一名，所有项目内容在指导教师的指导下由组长领导组员实施。

2．情景描述

根据已知销售量，用不同方法预测下一年度或下一季度采购需求。

3. 项目流程

（1）根据资料选择采购需求预测方法。

（2）运用所选定的方法对企业进行采购需求分析，预测采购需求量。

（3）完成企业采购需求预测报告。

4. 辅助资料

【案例 1】甲公司是一家跑车生产企业，2015 年各月跑车销售量及跑车原材料生产表如表 1-2-1 和表 1-2-2 所示。现需根据 2015 年相关数据预测 2016 年跑车需求量及相关数据。

表 1-2-1　2015 年各月跑车销售量

月　　份	实际销售量（辆）
1	20
2	30
3	45
4	55
5	42
6	41
7	50
8	35
9	69
10	75
11	58
12	59

表 1-2-2　2015 年跑车所需原材料

货品代号	名　　称	货品规格	主单位	大类	货品税率(%)	主供应商	数量	单价（元）	提前期（月）
00001	斜三角	50746-21	件	原料	17	0201001	1	250	1
00002	方形单孔板	3024-21	件	原料	17	0201001	1	319	1
00003	带孔柱状按钮	4070-21	件	原料	17	0201001	1	330	1
00004	带孔三角板	2420-21	件	原料	17	0201001	1	230	1
00005	四孔方形板	3022-21	件	原料	17	0201002	2	500	1
00006	单孔梯形按钮	3665-21	件	原料	17	0201002	2	360	2
00007	长方体按钮	3004-21	件	原料	17	0201002	2	720	2
00008	前车盖	54677-21	件	原料	17	0201003	3	410	2
00009	三脚架	2436-21	件	原料	17	0201003	3	260	2
00010	黑色后盖	6238-111	件	原料	17	0201003	3	180	2
00011	黑色挡板	6268-111	件	原料	17	0201003	4	510	2
00012	黑色后窗	4176-111	件	原料	17	0201004	4	230	2

续表

货品代号	名　　称	货品规格	主单位	大类	货品税率(%)	主供应商	数量	单价（元）	提前期（月）
00013	黑色长轴	30374-26	件	原料	17	0201004	4	500	3
00014	白色板	32028-1	件	原料	17	0201004	4	360	3
00015	银灰色螺帽	51089-301	件	原料	17	0201004	4	720	3
00016	银灰色条框架	51815-301	件	原料	17	0201005	4	410	3
00017	银灰色车轮	51568-301	件	原料	17	0201005	5	260	4
00018	透明白色螺帽	30057-40	件	原料	17	0201005	5	180	4
00019	黑色短轴	2780-26	件	原料	17	0201006	5	510	4
00020	灰色轴托	2555-194	件	原料	17	0201006	5	410	5
00021	方向盘	30663-194	件	原料	17	0201006	5	260	5
00022	灰色带条孔	3894-199	件	原料	17	0201007	6	180	5
00023	红色螺帽	30057-41	件	原料	17	0201007	6	510	6
00024	黑色越野轮胎	30391-26	件	原料	17	0201007	6	100	6

【案例 2】生产企业 A、B、C 生产两种产品：电子挂钟和手提电脑散热器，这两种产品的零部件供应商共有 6 家，各自有不同的零部件库存，且有各自不同的次品率（次品率需生产企业自己调查确认）。电子挂钟需求表如表 1-2-3 所示，手提电脑散热器需求表如表 1-2-4 所示，手提电脑散热器物料清单如表 1-2-5 和表 1-2-6 所示，电子挂钟物料清单如表 1-2-7 和表 1-2-8 所示。现依据以上材料进行预算。

表 1-2-3　电子挂钟需求表

月　　份	实际需求量（个）
1	1879
2	1865
3	1867
4	2100
5	1989
6	2156

表 1-2-4　手提电脑散热器需求表

月　　份	实际需求量（块）
1	2940
2	3031
3	3004
4	2929
5	2948
6	3015

表 1-2-5　手提电脑散热器物料清单一

类　　别	物料编号	材料名称	单　　位	用　　量	层　　次	类　　型	备　　注
包装	80-F738-0000	纸箱	个	0.083333	3	B	
包装	81-6615-0000	彩盒	个	1	3	B	
包装	82-F738-0000	纸托盘	件	1	3	B	
半成品	91-F738-0000	装配半成品	件	1	2	M	
包装	83-F738-0000	黑底白字贴纸	张	1	2	B	
塑胶	50-F738-0000	塑胶托盘	块	1	2	B	
塑胶	51-0307-0200	小塑胶柱	个	12	2	B	

续表

类　别	物料编号	材料名称	单　位	用　量	层　次	类　型	备　注
塑胶	51-2525-1000	高塑胶柱	个	2	2	B	
塑胶	51-2511-1000	低塑胶柱	个	2	2	B	
五金	10-1060-0000	十字螺丝	粒	6	2	B	
电子	22-3450-USB0	USB 线	条	1	2	B	
其他	60-0513-0000	海绵垫	个	8	2	B	

表 1-2-6　手提电脑散热器物料清单二

类　别	物料编号	材料名称	单　位	用　量	层　次	类　型	备　注
半成品	92-F738-0000	风扇半成品	件	3	2	M	
包装	84-2800-0000	风扇贴纸	张	3	1	B	
塑胶	53-3011-0000	风扇	个	3	1	B	
塑胶	53-5804-0000	风扇支架	个	3	1	B	
五金	11-2205-0000	马达	套	3	1	B	
电子	23-2020-0000	PCB 半成品	块	3	1	B	
电子	21-0510-0000	二极管	个	3	1	B	
电子	20-1400-0000	透明线 A	条	3	1	B	
电子	20-1401-0000	透明线 B	条	3	1	B	
其他	61-0513-0000	热缩管	条	1	2	B	

表 1-2-7　电子挂钟物料清单一

物料编码	物料名称	单　位	用　量	类　型	层　次	备　注
85-G200-B000	外包装箱	个	0.05	B	4	
80-G200-B000	小彩盒	个	1	B	4	
81-G200-0001	防盗贴	张	1	B	4	
82-G200-B001	产品贴	张	1	B	4	
60-LR44-0000	小电池	粒	1	B	4	
90-G200-B001	装配半成品	件	1	M	3	
10-1050-0000	10×50 螺丝	个	5	B	3	
10-1020-0001	10×20 螺丝	个	15	B	3	
56-G200-B002	塑胶盘面	个	1	B	3	
55-G200-B001	塑胶盘底	个	1	B	3	
50-G200-B001	钟框	个	1	B	3	
51-G200-B001	透明面罩	个	1	B	3	
52-G200-B001	小齿轮按钮	个	3	B	3	
12-1900-0008	长针	个	1	B	3	
12-1300-0001	短针	个	1	B	3	

表 1-2-8　电子挂钟物料清单二

物料编码	物料名称	单　位	用　量	类　型	层　次	备　注
12-1300-0001	短针	个	1	B	3	
12-0405-0001	秒针	个	1	B	3	
94-G200-B001	焊接半成品	件	1	M	2	
15-0001-5600	铝材	克	5	B	2	
25-3230-0002	石英	个	3	B	2	
26-5184-0002	磁铁	粒	1	B	2	
24-6500-0001	机芯	个	1	B	2	
91-G200-B001	绑定半成品	件	1	M	1	
35-G200-B000	PCB	块	1	B	1	
22-0104-0001	贴片电容	个	15	B	1	
23-0230-0001	贴片电阻	个	10	B	1	

5. 操作步骤

（1）实训班级 5～6 人为一组。

第　组	组长：
	组员：

（2）根据上年度实际销售量预测本年度需求量。

需求预测方法：
计算过程：

（3）根据物料需求表计算各种物料需求的数量及时间。

（4）根据各种物料的单价进行需求预算（见表 1-2-9）。

表 1-2-9　需求预算表

物料编号	物料名称	单　位	数　量	需要时间	单　价	价　格

（5）完成企业采购需求预测报告。

（6）填写请购单（见表 1-2-10）。

表 1-2-10　请购单

采购单号	年　月　日							共　页
								第　页
	品名规格	功能要求	数量	单价	金额	需求日期	供应商名称	请购单位

2.3　项目评价

项目完成组		项目名称		完成时间	
项目完成情况	是否完成	资料是否齐全	人员参与度	有无差错	完成质量
	是□ 否□	是□ 否□	高□ 低□	有□无□	高□一般□
项目主要问题分析	问题				
	原因				
	正确做法				

2.4　项目考核

被考核组名称		考核项目名称				
考核内容	组织、流程设计	人员分配	盘点作业质量	人员协作		
考核评价（100 分）						
小组总评						
被考核个人姓名		岗位		所属部门		
考核内容	个人评价	小组评价	教师评价	工作难度	作业质量	个人表现
考核评价（100 分）						
个人总评						
综合评价得分		综合得分=（小组总评+个人总评）/2				

项目三

采购计划和采购预算的编制

3.1 项目准备

1. 项目目标

（1）能够根据采购计划流程初步编制采购计划。

（2）掌握初步采购预算制定。

2. 项目内容

资料的收集、采购计划的编制、采购预算。

3. 项目环境

笔、纸等办公用具。

3.2 项目实施

1. 项目组织

本项目分组进行，每小组由 5～6 人组成，每组设组长一名，所有项目内容在指导教师的指导下由组长领导组员实施。

2. 情景描述

2015 年 11—12 月，某企业物资采购部门准备根据生产计划编制 2016 年度物资采购计划。

3．项目流程

（1）根据各种物资的实际库存，编制物资收发平衡表。

（2）编制生产用物资核算表。

（3）编制维修用料汇总表。

（4）编制挖潜、革新、改造措施汇总表。

（5）编制物品采购计划表。

4．操作步骤

（1）某企业 2015 年业务和库存信息如表 1-3-1～表 1-3-3 所示。

表 1-3-1　2015 年年初各种物资的实际库存

年　月　日		
物品名称及规格	单　　位	2015 年年初库存
钢板/5.5mm	t	300
钢锭/方锭	t	800
工字钢/16#	t	700
槽钢/12#	t	200
角钢/10#	t	100
木材/原木	m^3	200
水泥/425	t	500
电石/一级	t	50
工作服/棉布	套	900
刀具/D8	把	290
铜芯橡皮线/BY50	m	1000
轴承/55mm	套	500

制表人：

表 1-3-2　2015 年各种物资各月收入情况

年　月　日			
物品名称及规格	单　　位	1—10 月实际收入	11—12 月预计收入
钢板/5.5mm	t	400	150
钢锭/方锭	t	2600	550
工字钢/16#	t	300	150
槽钢/12#	t	400	100
角钢/10#	t	200	50
木材/原木	m^3	400	200
水泥/425	t	1600	400
电石/一级	t	1000	200

续表

物品名称及规格	单　位	1—10 月实际收入	11—12 月预计收入
工作服/棉布	套	3000	2000
刀具/D8	把	1000	200
铜芯橡皮线/BY50	m	3000	1500
轴承/55mm	套	1500	500

制表人：

表 1-3-3　2015 年各种物资各月发出情况

年　月　日			
物品名称及规格	单　位	1—10 月实际发出	11—12 月预计发出
钢板/5.5mm	t	360	240
钢锭/方锭	t	2000	950
工字钢/16#	t	450	150
槽钢/12#	t	400	200
角钢/10#	t	150	50
木材/原木	m^3	200	200
水泥/425	t	1200	900
电石/一级	t	890	310
工作服/棉布	套	3500	1000
刀具/D8	把	1100	300
铜芯橡皮线/BY50	m	3100	1900
轴承/55mm	套	1600	400

制表人：

（2）根据表 1-3-1～表 1-3-3 所示内容，编写各种物资收发平衡表及生产用物资核算表，如表 1-3-4 和表 1-3-5 所示。

表 1-3-4　2015 年各种物资收发平衡表

年　月　日									
物品名称及规格	单位	2015 年年初库存	2015 年收入			2015 年发出			2015 年年底库存
			1—10 月实际收入	11—12 月预计收入	合计	1—10 月实际发出	11—12 月预计发出	合计	

制表人：

表 1-3-5　2015 年生产用物资核算表

年　月　日												
物品名称及规格	单位	2015 年预计					2016 年计划					备注
		产品			消耗定额	需要量	产品			消耗定额	需要量	
		规格	单位	产量			规格	单位	产量			

制表人：

（3）根据 2015 年维修用料需要情况（见表 1-3-6），编制 2016 年维修用料汇总表（见表 1-3-7）。

表 1-3-6　2015 年维修用料需要情况表

年　月　日

部　门	物品名称及规格	单　位	数　量
一分厂	薄钢板	t	260
	槽钢	t	200
	木材	m^3	80
	水泥	t	350
	工作服	套	600
	铜芯橡皮线	m	2000
	轴承	套	800
二分厂	水泥	t	150
	工作服	套	110
	铜芯橡皮线	m	2000
	轴承	套	400
三分厂	薄钢板	t	110
	木材	m^3	170
	水泥	t	120
	电石	t	80
	铜芯橡皮线	m	1500

续表

部　门	物品名称及规格	单　位	数　量
四分厂	角钢	t	300
	槽钢	t	120
	木材	m^3	110
	水泥	t	180
	工作服	套	140
	电石	t	60

制表人：

表 1-3-7　2016 年维修用料汇总表

年　月　日

类　别	物品名称及规格	单位	2016 年需要量					备　注
			合　计	一分厂	二分厂	三分厂	四分厂	

制表人：

（4）根据企业挖潜、革新、改造等情况（见表 1-3-8 和表 1-3-9），填写 2016 年物品采购计划表（见表 1-3-10）。

表 1-3-8　2015 年挖潜、革新、改造措施情况表

年　月　日

项　目	品　名	单　位	数　量
高炉大修	薄钢板	t	80
	槽钢	t	90
	水泥	t	60
	电石	t	10
厂房大修	角钢	t	50
	水泥	t	40
	木材	m^3	120
	电石	t	20

续表

项　目	品　名	单　位	数　量
余热工程	水泥	t	150
	木材	m^3	40
福利设施	角钢	t	300
	水泥	t	200
	木材	m^3	400

制表人：

表 1-3-9　2016 年预计物资单价及订购次数一览表

年　月　日

类　别	物品名称及规格	单位	单价/元	订购次数
钢　材	薄钢板/2.5mm	t	4000	20
	钢锭/方锭	t	2500	15
	工字钢/16#	t	3000	10
	槽钢/12#	t	3200	10
	角钢/10#	t	3800	10
建　材	木材/原木	m^3	2600	20
	水泥/425	t	600	20
化　工	电石/一级	t	800	12
防　护	工作服/棉布	套	120	12
工　具	刀具/D8	把	40	12
电　料	铜芯橡皮线/BY50	m	8	16
轴　承	轴承/55mm	套	50	20

制表人：

表 1-3-10　2016 年物品采购计划表

年　月　日

类别	物品名称及规格	单位	上年消耗		期初库存	2016 年需要量					期末储备	2016 年采购				
			合计	1—10 月实际		合计	生产	基建	维修	改革措施		合计	单价/元	订购次数	一次订购量	订购金额合计/元

制表人：

3.3 项目评价

项目完成组		项目名称		完成时间	
项目完成情况	是否完成	资料是否齐全	人员参与度	有无差错	完成质量
	是□ 否□	是□ 否□	高□ 低□	有□无□	高□一般□
项目主要问题分析	问题				
	原因				
	正确做法				

3.4 项目考核

被考核组名称			考核项目名称			
考核内容	组织、流程设计		人员分配	盘点作业质量		人员协作
考核评价（100分）						
小组总评						
被考核个人姓名		岗位		所属部门		
考核内容	个人评价	小组评价	教师评价	工作难度	作业质量	个人表现
考核评价（100分）						
个人总评						
综合评价得分		综合得分=（小组总评+个人总评）/2				

项目四

供应商管理

4.1　项目准备

1．项目目标

（1）掌握供应商的开发流程。

（2）能够对供应商做出正确的选择和评价。

2．项目内容

开发供应商，填写供应商卡片，设计供应商评价表。

3．项目环境

笔、纸等办公用具。

4.2　项目实施

1．项目组织

将学生分组，每小组 5 人，由一人担任企业的物流主管，其他 4 人为采购部门员工，相互分工（寻找供应商、资信调查、信息整理、分析评估），完成供应商管理体系的建设。

2．情景描述

将学生分组，每组学生分别扮演采购商与供应商，提前拟订本组企业名称及现状，并将资料提供给前来询问的采购商。

3. 项目流程

（1）建立供选供应商信息库。

（2）建立供应商评价系统，并对供应商做出评价。

（3）建立供应商监控体系，监控其服务质量。

4. 操作步骤

（1）每组学生分别对本组成立的企业进行起名等初步设定，填写公司介绍表（见表 1-4-1）。

表 1-4-1　公司介绍表

公司介绍

1．厂房情况

我公司生产厂房生产面积有____平方米，该厂房的产权为我公司所有/租赁。(如为租赁，租赁到期日为______年_____月）

2．我公司主要的加工设备情况

主要设备名称	规格型号	数　量	生产厂家或品牌

3．办公情况

我公司办公区域面积有______平方米，主要为_____等科室办公用。

4．公司经营业绩和净资产情况

我公司年销售额为_____万元，其中，非标准设备约为_____万元，标准设备约为_____万元。我公司目前净资产为______万元。

5．公司人员情况

我公司共有职工____名，其中，管理人员____名，产品设计人员____名，工人____名。在管理人员中，具备本科学历以上或中级职称的有____人。在设计人员中，具备高级职称的有____人，具备中级职称的有____人。

公司主要负责人介绍如下。

职　务	姓　名	年　龄	任职时间	学　历	职　称	联系电话

续表

6．公司销售客户情况

我公司的销售客户共有____家。国内知名用户有：________________________________；

国际知名用户有：________________________________。

公司主要项目业绩介绍

时　间	客户名称	项目名称	项目金额

7．公司获奖情况

名　称	内　容	时　间	颁发机构

8．公司质量管理

我公司（有/无）专门的质量控制部门。（如有，质量控制部门是________，质量管理人员有______人，负责人是________）

（2）供应商的开发。

① 对资源市场进行调查。

② 对供应商进行初步调查，填写表 1-4-2～表 1-4-5。

表 1-4-2　供应商调查表

表号：	有效期：
供应商调查表	
供应商名称：	
供应商编码：	
	填表时间：　　年　　月　　日

表 1-4-3　供应商调查表填表承诺书

填表承诺

我公司承诺：此调查表所填内容皆属实，若有任何弄虚作假，愿接受______公司处罚，直至承担相应的法律责任。

特此承诺

法人或公司授权代表签字：

承诺单位盖章（公章）

年　月　日

表 1-4-4 供应商卡片

<table>
<tr><td rowspan="6">公司基本情况</td><td>名称</td><td colspan="5"></td></tr>
<tr><td>地址</td><td colspan="5"></td></tr>
<tr><td>营业执照号</td><td colspan="2"></td><td>注册资本</td><td colspan="2"></td></tr>
<tr><td>联系人</td><td colspan="2"></td><td>部门、职务</td><td colspan="2"></td></tr>
<tr><td>电话</td><td colspan="2"></td><td>传真</td><td colspan="2"></td></tr>
<tr><td>E-mail</td><td colspan="2"></td><td>信用度</td><td colspan="2"></td></tr>
<tr><td rowspan="2">产品情况</td><td>产品名</td><td>规格</td><td>价格</td><td>质量</td><td>可供量</td><td>市场份额</td></tr>
<tr><td></td><td></td><td></td><td></td><td></td><td></td></tr>
<tr><td>运输方式</td><td></td><td>运输时间</td><td colspan="2"></td><td>运输费用</td><td></td></tr>
<tr><td>备注</td><td colspan="6"></td></tr>
</table>

表 1-4-5 供应商基本信息

<table>
<tr><td>供应商全称</td><td colspan="3"></td></tr>
<tr><td>所属国家</td><td></td><td>所属省份</td><td></td></tr>
<tr><td>所属城市</td><td></td><td>邮政编码</td><td></td></tr>
<tr><td>公司联系方式</td><td colspan="3"></td></tr>
<tr><td>公司详细地址</td><td colspan="3"></td></tr>
<tr><td>生产工厂详细地址</td><td colspan="3"></td></tr>
<tr><td>公司法人姓名</td><td></td><td>法人联系方式</td><td></td></tr>
<tr><td>公司成立时间</td><td></td><td>公司注册资金</td><td></td></tr>
<tr><td>公司经营范围</td><td></td><td>企业性质</td><td></td></tr>
<tr><td>公司开户银行</td><td></td><td>银行账号</td><td></td></tr>
<tr><td>税号</td><td></td><td></td><td></td></tr>
</table>

③ 对供应商进行深入调查，填写表 1-4-6～表 1-4-11。

表 1-4-6 供应商仓库信息

序　号	名　称	面　积	内部联系电话	备　注
1				
2				

表 1-4-7 供应商机械设备信息

主要设备名称	规格型号	数　量	生产厂家或品牌

表 1-4-8 供应商主要项目业绩

时 间	客户名称	项目名称	大致费用

表 1-4-9 供应商获奖情况

奖励名称	时 间	内 容	颁发机构

表 1-4-10 供应商主要负责人信息

职 务	姓 名	年 龄	学 历	职 称	任职时间	联系电话

表 1-4-11 供应商质量及售后服务情况

我公司有/无专门的质量控制部门。（如有，质量控制部门是质检部，质量管理人员有___人，负责人是___）
公司在我国一共有____处售后服务网点，共有服务人员____名
我公司承诺，当接到______公司的要求后，可以在 8 小时内给予积极有效的响应，提供电话指导，在 12 小时内保证能够到达该公司工厂现场服务

（3）根据以上表格填写供应商的选择及评价表（见表 1-4-12）。

表 1-4-12 供应商评价表

<table>
<tr><td colspan="3">公司名称</td><td colspan="2"></td><td colspan="2">公司地址</td><td colspan="3"></td><td colspan="2">电话</td><td colspan="3"></td></tr>
<tr><td colspan="3">营业执照号</td><td colspan="2"></td><td colspan="2">经营品种</td><td colspan="8"></td></tr>
<tr><td colspan="3">员工人数</td><td colspan="2"></td><td colspan="2">生产设备</td><td colspan="8"></td></tr>
<tr><td colspan="15">调查及评分</td></tr>
<tr><td rowspan="2">调查内容</td><td colspan="6">质量管理</td><td colspan="3">供应能力</td><td>价格</td><td colspan="3">管理</td><td>总计</td></tr>
<tr><td>质量管理观念及管理组织</td><td>进料管理、生产管理</td><td>材料保管、成品保管运输</td><td>检查标准、检验标准等</td><td>设备维护保养制度等</td><td>检验仪器的精密度及矫正能力</td><td>设备规模、生产能力</td><td>技术水准、生产能力</td><td>过去供应其他公司是否按期</td><td>价格</td><td>组织制度</td><td>现场管理</td><td>财务状况、经营状况</td><td></td></tr>
<tr><td>总分</td><td>10</td><td>9</td><td>10</td><td>9</td><td>6</td><td>6</td><td>5</td><td>5</td><td>10</td><td>15</td><td>5</td><td>5</td><td>5</td><td>100</td></tr>
<tr><td>得分</td><td></td><td></td><td></td><td></td><td></td><td></td><td></td><td></td><td></td><td></td><td></td><td></td><td></td><td></td></tr>
</table>

（4）得出选择供应商的最终结论，填写表 1-4-13。

表 1-4-13　最终结论

1	初审结论	全部考核项为______项，被调查供应商为_______项。 否决项______项，其中，合格______项，不合格______项。 基本项______项，其中，合格______项，不合格______项 结论：	签字：
2	复审结论		签字：

4.3　项目评价

评分项目		设计合理（30 分）	画图规范（30 分）	思路清晰（20 分）	书写工整（20 分）	总分
得分						
项目完成组			项目名称		完成时间	
项目完成情况		是否完成	资料是否齐全	人员参与度	有无差错	完成质量
		是□　否□	是□　　否□	高□　低□	有□无□	高□一般□
项目主要问题分析	问题					
	原因					
	正确做法					

4.4　项目考核

被考核组名称		考核项目名称		
考核内容	组织、流程设计	人员分配	盘点作业质量	人员协作
考核评价（100 分）				
小组总评				

被考核个人姓名		岗位		所属部门	
考核内容	个人评价	小组评价	教师评价	工作难度	作业质量	个人表现
考核评价（100 分）						
个人总评						
综合评价得分		综合得分=（小组总评+个人总评）/2				

项目五

招标采购模拟

5.1 项目准备

1．项目目标

（1）能初步运用招标方式进行采购。

（2）掌握招标采购的一般过程。

（3）通过实训，理解投标、评标程序和方法。

2．项目内容

发布招标公告、投标、开标、评标。

3．项目环境

笔、纸等办公用具。

5.2 项目实施

1．项目组织

学生分组，每组 5～6 人。每组针对公司需求，进行公开招标。

2．情景描述

企业需采购一些物品，故发布招标公告，进行公开招标。

3．项目流程

（1）发布招标公告。

（2）各供应商投标，采购商开标、评标。

（3）签订合同。

4．操作步骤

（1）策划。明确招标的内容和目标；对招标书的标底进行初步估算；研究决定招标方案、操作步骤和招投标时间进度；确定招标小组成员；研究讨论评标方法；形成相关的招标文案文件。

（2）招标。填写招标邀请书（见图 1-5-1）。

招标邀请

（招标机构）_______受委托，对项目所需的货物及服务进行国内竞争性招标。兹邀请合格投标人前来投标。

1．招标文件编号：____。

2．招标货物名称：____。

3．主要技术规格：____。

4．交货时间：____。

5．交货地点：____。

6．招标文件从_____年____月_____日起每天（公休日除外）工作时间在下属地址出售，招标文件每套_____元（邮购另加____元），售后不退。

7. 投标书应附有_____元的投标保证金，可用现金或下列开户行、账号办理支票、银行自带汇票。投标保证金请于____年____月____日____时（北京时间）前递交到_____。

开户名称：（招标机构）_________________________。

账号：___________________________。　　　　开户银行：___________________________。

8．投标截止时间：____年____月____日____时____分（北京时间）。逾期不予受理。

9．投递标书地点：____。

10．开标时间和地点：____。

通讯地址：____。

邮政编码：___________________________。

电话：___________________________。

传真：___________________________。

联系人：___________________________。

E-mail：___________________________。

招标机构：（公章）

年　月　日

图 1-5-1　招标邀请书

（3）投标。组织人员进行投标，投标书封面格式如图 1-5-2 所示，投标书如图 1-5-3 所示。

投标书建设项目名称：

投标单位：

投标单位全权代表：

投标单位：（公章）

日期：____年____月____日

图 1-5-2　投标书封面

投标书格式

致：

根据贵方为______项目招标采购货物及服务的投标邀请_______（招标编号），签字代表______（全名、职务）经正式授权并代表投标人__________（投标方名称、地址）提交下述文件正本一份和副本一式____份。

1．开标一览表。

2．投标价格表。

3．货物简要说明一览表。

4．资格证明文件。

5．投标保证金，金额为_____元。

据此函，签字代表宣布同意以下内容：

1．据所附投标报价表中规定的应提供和交付的货物投标总价为_____元。

2．投标人将按照招标文件的规定履行合同责任和义务。

3．投标人已详细审查全部招标文件，包括修改文件（如需要修改）及全部参考资料和有关附件。我们完全理解并同意放弃对这方面有不明及误解的权利。

4．其投标自开标日期有效期为____个日历日。

5．如果在规定的开标日期后，投标人在投标有效期内撤回投标，其投标保证金将会被贵方没收。

6．投标人同意提供按照贵方可能要求的与其投标有关的一切数据或资料，完全理解不一定要接受最低价格的投标或收到的任何投标。

7．与本投标有关的一切正式往来通讯请寄：

地址：____。

邮编：______________________。

电话：______________________。

传真：______________________。

投标人代表姓名：____________。

投标人代表职务：____________。

投标人名称：（公章）

日期：_____年___月____日

全权代表签字：

图 1-5-3　投标书

（4）开标。检查投标文件的密封情况后，按招标通知书中规定的时间、地点，邀请投标方代表参加开标会，当众宣读供应商名单、有无撤标情况、提交投标保证金的方式是否符合要求、投标项目的内容、价格等内容，并合理地解释投标文件中还不甚明确的地方。以电传、电报等方式投标的，不予开标。开标记录如图 1-5-4 所示。

开标记录

项目名称：　　　　　　　　　　　　招标号：

刊登招标通告的日期：

购买招标书的单位及报价：

收到招标书的日期：

对招标书的处理情况：

图 1-5-4　开标记录

（5）评标与决标，填写评标和决标记录（见图 1-5-5）。

评标与决标记录：

图 1-5-5 评标和决标记录

5.3 项目评价

评分项目	设计合理(30 分)	画图规范(30 分)	思路清晰(20 分)	书写工整(20 分)	总分
得　　分					
项目完成组		项目名称		完成时间	
项目完成情况	是否完成	资料是否齐全	人员参与度	有无差错	完成质量
	是□ 否□	是□　否□	高□ 低□	有□无□	高□一般□
项目主要问题分析	问题				
	原因				
	正确做法				

5.4 项目考核

被考核组名称			考核项目名称			
考核内容	组织、流程设计		人员分配	盘点作业质量	人员协作	
考核评价（100 分）						
小组总评						
被考核个人姓名		岗位		所属部门		
考核内容	个人评价	小组评价	教师评价	工作难度	作业质量	个人表现
考核评价（100 分）						
个人总评						
综合评价得分		综合得分=（小组总评+个人总评）/2				

项目六

采购谈判及合同管理

6.1 项目准备

1. 项目目标

（1）掌握采购谈判技巧，制定简单的采购谈判策略。

（2）能够解读普通合同，并拟定简单的采购合同。

2. 项目内容

制定谈判策略，通过谈判，签订采购合同。

3. 项目环境

笔、纸等办公用具。

6.2 项目实施

1. 项目组织

学生分组，每小组 5 人，其中一人担任采购主管，其他 4 人担任助手。选择供应商，进行谈判，拟定采购合同，最后签订采购合同。

2. 情景描述

企业采购部门需与供应商谈判，确定相关事宜。

3. 项目流程

（1）小组成员制定采购谈判策略。

（2）建立供应商评价系统，并对供应商做出评价。

（3）建立供应商监控体系，监控其服务质量。

4. 操作步骤

（1）向相关供应商发送询价单（见图 1-6-1）。

产品询价单

__________单位__________先生：　　　　　　　　　　　　　　编号：____________

1. 本公司因业务需要，拟向贵公司洽购以下物品，请速予报价，将做进一步联系。

2. 来函或来电请洽本公司采购部______先生，电话：___________，并请惠示贵公司联络人员及电话。

3. 附件。（含物品名称、数量、规格及品检说明）

_________公司采购部

年　　月　　日

图 1-6-1　产品询价单

（2）与供应商进行采购谈判。

① 谈判前：准备阶段，填写谈判准备分析情况（见图 1-6-2）。

谈判目标：

最优期望目标：　　　　　　　　　　实际需求目标：

可接受目标：　　　　　　　　　　　最低目标：

供应商信息：

报价信息：

双方的优劣势分析：

谈判地点：

谈判人员：

谈判策略：

图 1-6-2　谈判准备分析

② 谈判中：正式谈判阶段，记录谈判中各阶段主要问题和策略（见图 1-6-3）。

摸底阶段：   询价阶段：   磋商阶段： 消除分歧阶段：   成交阶段：

图 1-6-3　谈判中记录

③ 谈判后：检查确认执行阶段，填写谈判结果（见图 1-6-4）。

检查成交协议文本：（起草一份声明，尽可能清楚地描述双方已经达成一致的内容，并将其呈送到谈判各方，以供检查）   签字认可：

图 1-6-4　谈判结果

（3）与供应商签订采购合同及采购订单，采购订单如表 1-6-1 所示。

采购合同

订立合同双方：

甲方（采购单位）：

乙方（供货单位）：

甲乙双方根据__年__月__日第__号采购项目招标结果及相关招投标文件，经协商一致，订立本合同，供双方共同遵守。

第一条：甲方采购的物品内容和成交价格。（金额单位：人民币元）

物品名称、规格、型号、数量、成交单价（元）、合计（大写）等信息详见采购订单。

其中，免费配送物品：____，其他物品甲方不再另付任何费用。

第二条：物品的质量技术标准、乙方售后服务及损害赔偿。

1．物品的质量技术标准按国家法律法规规定的标准、招标文件和乙方投标文件所要求的技术标准执行。

2．乙方应按生产厂家的保修规定和投标文件说明的服务承诺，做好保修等免费服务。但属于正常合理的损耗应由甲方承担。

3．乙方售后服务响应时间：______。否则，甲方可自行组织维修，费用由乙方承担，甲方可在货款和其他应付乙方的款项中扣除。

4．如因乙方物品质量原因，导致甲方损失，乙方应予以赔偿。

第三条：交付和验收。

1．交付时间：____________；交付地点：____________。

2．乙方负责物品的运送、安装、调试，负责基本操作培训等工作，直至该物品可以正常使用为止；负责提供物品的使用说明等相关资料；并承担由此产生的全部费用。

3．验收时间：甲方必须于乙方提出验收申请后____个工作日内组织验收。甲方验收合格后应当出具验收报告。

4．验收标准。

1）单证齐全：应有产品合格证（或质量证明）、使用说明、保修证明、发票和其他应具有的单证。

2）质量符合国家法律法规规定的标准、招标文件和投标文件的要求。

第四条：货款的结算。

1．结算依据：采购合同、乙方销售发票、甲方出具的验收报告。

2．结算方式：____________。

第五条：乙方的违约责任。

1．乙方不能交货的，甲方不向乙方付款。乙方应向甲方偿付不能交货部分货款 10%的违约金。

2．乙方所交物品品种、数量、规格、质量不符合国家法律法规和合同规定的，由乙方负责包修、包换或退货，并承担由此而支付的实际费用。

3．乙方逾期交货的，按逾期交货部分货款计算，向甲方偿付每日千分之五的违约金，并承担甲方因此所受的损失。

续表

第六条：甲方的违约责任。 1．甲方逾期付款的，应按照每日千分之五的比例向乙方偿付逾期付款的违约金。 2．甲方违反合同规定拒绝接货的，应当承担由此对乙方造成的损失。 第七条：不可抗力。 甲乙双方任何一方由于不可抗力原因不能履行合同时，应及时向对方通报不能履行或不能完全履行的理由，以减轻可能给对方造成的损失，在取得有关机构证明后，允许延期履行、部分履行或不履行合同，并根据情况可部分或全部免予承担违约责任。 第八条：争议的解决。 1．因货物的质量问题发生争议，由法律及有关规章规定的技术单位进行质量鉴定，双方无条件服从该鉴定的结论。 2．若执行本合同发生纠纷，当事人双方应当及时协商解决，协商不成时，任何一方均可向合同签订地人民法院提起诉讼。 第九条：监督和管理。 1．合同订立后，双方经协商一致需变更合同实质性条款或订立补充合同的，应先征得监督管理部门同意，并送其备案。 2．甲乙双方均应自觉配合有关监督管理部门对合同履行情况的监督检查，如实反映情况，提供有关资料；否则，将对有关单位、当事人按照有关规定予以处罚。 第十条：无效合同。 甲乙双方如因违反采购法及相关法律法规的规定，被宣告合同无效的，一切责任概由过错方自负。 甲方：（签字）　　　　　　　　　　　　　　乙方：（签字） 年　　月　　日　　　　　　　　　　　　　　年　　月　　日

表 1-6-1　采购订单

采购订单				
厂商名： 地址： 日期： 交付：			电话： 传真： 订单号码： 页数：	
品　　名	规格型号	数　　量	单　　价	合　　计
合　　计				

续表

交货日期： 付款方式： 包装方式： 备注： 核准：＿＿＿＿＿＿ 制单：＿＿＿＿＿＿			
供应商签回栏	供应商签署		请签署后将副单寄回或传真至本公司

6.3 项目评价

评分项目		设计合理（30分）	画图规范（30分）	思路清晰（20分）	书写工整（20分）	总分
得　分						
项目完成组			项目名称		完成时间	
项目完成情况		是否完成	资料是否齐全	人员参与度	有无差错	完成质量
		是□ 否□	是□　否□	高□ 低□	有□无□	高□一般□
项目主要问题分析	问题					
	原因					
	正确做法					

6.4 项目考核

被考核组名称			考核项目名称			
考核内容	组织、流程设计		人员分配	盘点作业质量		人员协作
考核评价（100分）						
小组总评						
被考核个人姓名		岗位		所属部门		
考核内容	个人评价	小组评价	教师评价	工作难度	作业质量	个人表现
考核评价（100分）						
个人总评						
综合评价得分		综合得分=（小组总评+个人总评）/2				

模块二

运输作业实训

模块基本目标

知识目标	职业技能目标
• 了解并熟悉运输作业管理的基本内容。 • 熟悉道路货物运输的基本步骤和操作流程。 • 熟悉铁路货物运输的基本步骤和操作流程。 • 熟悉海上集装箱货物运输的基本步骤和操作流程。 • 懂得运输作业的安全操作知识。 • 能够完整正确地填写各类单证。 • 熟悉并掌握不同运输方式的运费计算。	• 能参与或协助开展各种运输货物的接货、揽货洽谈。 • 会填制各种运输单据。 • 会比较和估算各种货运的价格。 • 会查询各种运输工具的运行信息。 • 会货物的拆箱、装箱、核对及计数。 • 能根据货物运输单证、运输方式及线路对外联络与沟通。 • 会根据货物特性选择各种运输方式及运输线路。 • 会使用常用的装卸设备与器具。 • 会使用常见运输管理软件。 • 会分析和处理货物溢缺。
职业素质养成目标	
• 具有与客户交流、沟通的基本素质。 • 具有语言和文字表达的基本素质。 • 具有自我分析问题、解决问题的能力。 • 具有良好的职业素养。	• 具有应用现代化信息技术的素质。 • 具有自学能力、判断力和创造性思维。 • 具有解决问题的能力。

模块实训项目

项目分解	项目名称	主要内容	建议学时
项目一	道路货物运输业务受理	货物托运申请；承运受理；清算运输费用；制作物品清单；运输合同变更等	5～10 学时
项目二	铁路货物运输业务办理及运费计算	货物托运申请；承运受理；清算运输费用；确定货物运到期限；制票等	5～10 学时
项目三	船舶定义	登记船舶基本信息；对船舶进行船图定义；编制船期表等	10～12 学时
项目四	集装箱进口流程	集装箱进口流程；集装箱进口的相关单证；3D 系统进口流程的基本操作；每个角色在集装箱码头作业的工作任务及岗位职责等	15～18 学时

项目一

道路货物运输业务受理

1.1 项目准备

1. 项目目标

（1）了解道路运输合同，能叙述运输合同的主要内容。

（2）了解道路货物运单在道路货物运输中的重要性。

（3）能够熟练填写货物运单，了解货物运单各联的作用。

（4）能够熟练填写物品清单。

（5）能够熟练填写运输变更申请书。

2. 项目内容

道路货物运输业务受理的流程、道路运输合同、道路货物运单、物品清单。

3. 项目环境

（1）各种类型的货物。

（2）笔、纸等办公用具。

（3）单据准备：汽车货物运单（甲种和丙种）、物品清单；道路里程表、道路货物运输参考价目表、货物分类表、运输变更申请书。

1.2 项目实施

1. 项目组织

本项目分组进行，每小组由 3～5 人组成，每组设组长一名，所有项目内容在指导教师指导下由组长领导组员实施。

2. 情景描述

根据下列内容填写货物运单。

（1）将成商贸有限公司向第一酿酒厂购得 800 千克葡萄酒，由顺齐物流有限公司承运。货物内包装为玻璃瓶，外包装为纸箱，共 40 箱（单箱体积为 1m×0.8m×0.6m），托运日为 2015 年 5 月 3 日，承运日为 2015 年 5 月 6 日，到货日为 5 月 18 日。后又因将成商贸有限公司仓库仓位紧张，2015 年 5 月 10 日 8 时，只能通知顺齐物流有限公司将货物运至××区××路××号。请完成道路运输相关业务。

将成商贸有限公司联系人：姜××，电话：187××××5257，详细地址：××市××区××路××号，邮编：××××××，公司电话：021-6084××××

第一酿酒厂联系人：×××，电话：187××××5257，详细地址：××市××区××路××号，邮编：××××××，公司电话：0532-8909××××。

顺齐物流有限公司详细地址：××市××区××路××号，邮编：××××××，电话：0532-6709××××。

（2）新宇造纸厂向武顺路小学出售练习本 4500 千克，内包装为牛皮纸，外包装为纸箱，共 45 件。由运达运输公司承运，托运日为 2015 年 5 月 5 日，承运日为 2015 年 5 月 6 日，到货日为 5 月 12 日，请完成道路运输相关业务。

（3）达胜丝绸厂向帝师商场出售丝绸衣物共 7 吨，纸箱包装共 200 件，由宏达运输公司承运，托运日为 2015 年 5 月 6 日，承运日为 2015 年 5 月 7 日，到货日为 5 月 14 日。请完成道路运输相关业务。

（4）精益化学制剂厂向中鑫清洁用品公司出售硫酸 5 吨，由第一运输公司承运，托运日为 2015 年 5 月 7 日，承运日为 2015 年 5 月 8 日，到货日为 5 月 17 日。请完成道路运输危险品运输相关业务流程和单证。

（5）神木煤炭公司和运达汽车运输公司签订了一份货物运输合同运输煤炭，目的地是河南郑州发电厂，共 500 吨，后又因采购方原因，煤炭需发往河南洛阳，托运日为 2015 年 5

月3日，承运日为2015年5月6日，到货日为5月19日。请完成道路运输相关业务。

3．辅助资料

（1）道路货物托运单（参考样式见表2-1-1）。

（2）道路货物运单（参考样式见表2-1-2）。

（3）货物清单（参考样式见表2-1-3）。

（4）运输变更申请书（参考样式见表2-1-4）。

表2-1-1　道路货物托运单

托运日期：2015年5月3日　　起运站：××　　到达站：××　　No：0000001

收货单位	将成商贸有限公司				联 系 人	姜××		
详细地址	××市××区××路××号				电话/手机	187××××5257	021-6084××××	
货物名称	件数（箱）	包装	重量（千克）	体积（m^3）	保险金额（元）	保险费（元）	运费（元）	合计（元）
葡萄酒	40	纸箱	800	19.2	14400	50	560	610
总运费金额	×万　×仟　陆 佰　壹 拾　元整　¥：610							
付款方式	预付：300元　到付：310元 回结：				送货方式	送货（　）自提（ √ ）		
备注	货物内包装为玻璃瓶，请注意小心搬运							
运输协议	1．请托运方认真阅读以下运输协议，在您签字后说明您已无异议； 2．托运人应如实申报货物名称和重量，不得夹带易燃、易爆、剧毒等违禁物品，否则所引起的一切后果由托运方全部负责； 3．承运方不开箱验货，交接货物时以外包装完好为准，在外包装完好的情况下，内包装物缺损和丢失与承运方无关； 4．收货人收货时应对货物认真清点验收，如发现货物丢失、损坏（不可抗拒力除外）应当场要求索赔，收货人收到货物签收后，货损、丢失承运方概不负责； 5．托运人或收货人不按时支付运杂费，承运方有权拒运或留置其货物，若一个月后仍不提货，按无主货物处理； 6．托运人需变更到货地点或收货人，应在货物未抵达目的地之前书面通知承运方，并承担由此增加的费用； 7．托运人对所托运货物必须参加保险，如不参加保险，承运方在运输中发生重大货损，其最高赔偿金额为运费的3倍							
托运单位 联系电话	021-6084××××			承运人签章		顺齐物流有限公司		

表 2-1-2 道路货物运单

承运日期：2015 年 5 月 6 日 运到期限：2015 年 5 月 18 日 合同编号：00001

装货地点	第一酿酒厂成品一库				装货时间		2015 年 5 月 4 日	
卸货地点	将成商贸有限公司仓库				领取货物期限		2015 年 5 月 20 日	
道路运输证号	S033	车型	厢式货车 D200	车牌号	×××		挂车牌号	
货物名称及规格	包装方式	体积 长×宽×高 （立方米）	件数（箱）	价值（元）	实际重量（千克）	计费重量（千克）	计费里程（公里）	货运周转量（吨公里）
葡萄酒	纸箱	1×0.8×0.6	40	14400	800	800	680	544000
合计		0.48	40	14400	800	800	680	544000
计费单位	☑重量（千克）☐体积（立方米）☐包装（件）☐周转量（吨公里）☐里程 ☐__________							
计费单价	0.011 元每单位				运费金额		5984 元	

其他杂费		货物名称及规格	金额（元）	保价费（元）	保险费（元）	备注
费目	金额（元）	葡萄酒	14400	144	100	
装卸费	270					
过路费	400					
过桥费	200					

结算方式：☐现金 ☑支票 ☐电汇 ☐转账 ☐对方付款 ☐月结

运杂费合计 ×万 陆 千 玖百 伍 拾 肆 元 ×角 × 分 ￥：6954

违约责任：

1．托运人未按约定的时间和要求提供托运货物的，每逾期一日应向承运人支付违约金__400__元；

2．承运人未按约定的时间和要求配车、发运的，每逾期一日应向托运人支付违约金__400__元；

3．未办理保价或保险运输的，货运事故赔偿方式及费用：__按照双方事先约定的协议执行__；

4．货物逾期到达，每逾期一日承运人应赔偿托运人__300__元违约金；

5．收货人未按合同规定的期限领取货物，每逾期一日收货人（或托运人）应向承运人支付保管费__300__元。

签订合同前请仔细阅读背面合同条款；本合同自签订之日起生效。

托运人	承运人	收货人
托运人（签章）：第一酿酒厂 地址：××市××区××路××号 邮编：×××××× 电话：0532-8909×××× 传真：0532-8909×××× 签订时间：2015 年 5 月 5 日	承运人（签章）：顺齐物流有限公司 地址：××市××区××路××号 邮编：×××××× 电话：0532-6709×××× 传真：0532-6709×××× 签订时间：2015 年 5 月 5 日	收货人（签章）：将成商贸有限公司 地址：××市××区××路××号 邮编：×××××× 电话：021-6084×××× 传真：021-6084×××× 收货时间：2015 年 5 月 18 日

表 2-1-3 货物清单

起运地点：××　　　　装货日期：2015.5.4

装货人名称：顺齐物流有限公司　　　　运单号：00001

封志号：

编号	货物名称及规格型号	包装方式	件数（箱）	新旧程度	体积（立方米）长×宽×高	重量（千克）	保险保价价格（元）
01	葡萄酒	纸箱	40	全新	1×0.8×0.6	800	14400

托运人：（签章）第一酿酒厂　　　　承运人：（签章）顺齐物流有限公司

2015 年 5 月 5 日

表 2-1-4 运输变更申请书

原运单号码	00001
受理变更序号	00003

提出日期：2015 年 5 月 10 日 8 时

变更事项及原运单记载事项	将成商贸有限公司仓库仓位紧张
托运人记事及特约事项	货物交付地点变更，将货物运至××区××路××号
承运人记事及特约事项	通知运输司机，货物交付地点变更为××区××路××号

申请变更人名称：将成商贸有限公司　　　　经办人：李××　　　　电话：186××××6439

地址：××市××区××路××号

（5）道路货物运输合同如下。

××市道路货物运输合同条款

一、托运

1．托运人应在约定期限内向承运人提供托运货物及装卸条件。托运人未按约定备好货物和提供装卸条件，以及货物运达后无人收货或拒绝收货，造成承运人车辆放空、延滞及其他损失的，托运人应负赔偿责任。

2．托运人不如实填写运单，错报、误填、遗漏货物名称和装卸地点等重要情况，造成承运人错送、装货落空，以及由此引起的其他损失，托运人应负赔偿责任。

3．承运人应根据承运货物的需要，按货物的不同特性，提供技术状况良好、经济适用的车辆，并能满足所运货物重量的要求。

4．托运人有权决定货物是否保险或保价。货物保险由托运人向保险公司投保或委托承运人代办。选择保价运输时，申报的货物价值不得超过货物本身的实际价值；保价为全程保价，保价费按不超过货物保价金额的 0.7%收取。一张运单托运的全部货物只能选择保价或不保价。

5．货物运输需要办理审批、检验手续的，托运人应将办理完有关手续的文件提交承运人并随货同行。托运人委托承运人向收货人代递有关文件时，应在运单中注明文件名称和份数。

二、包装

1．托运人应按约定包装货物。托运人未按约定包装货物，不能保证货物运输安全的，承运方有权拒绝承运。约定由承运人对货物再加外包装时，包装费用由托运人支付。

2．由于托运人的包装缺陷产生破损，致使其他货物或运输工具、机械设备被污染腐蚀、损坏或造成人身伤亡的，托运人应负赔偿责任。由承运人按约定对货物再加外包装的，发生上述问题，承运人应负赔偿责任。

三、运送

1．承运人应在约定期限内将货物运到指定地点，并在 24 小时内以合理方式向收货人发出到货通知或按托运人的指示及时将货物交给收货人。承运人如将货物错运到货地点或收货人，应再次无偿运至约定的到货地点或收货人。

2．承运人应对货物的安全负责，保证货物无短缺，无人为损坏，无人为因素导致的变质。

3．起运前运输路线发生变化，承运人应通知托运人，并按最后确定的路线运输。承运人未按约定路线运输而增加的运输费用自行承担。

4．承运人有权向托运人、收货人收取约定的运杂费用。托运人或者收货人未按约定支付运杂费、保管费及其他运输费用的，承运人对相应货物享有留置权。

5．承运人未遵守约定的运输条件或其他约定事项，应赔偿托运人因此造成的损失。

6．承运人未经托运人同意，擅自将货物委托其他公司运输的，应赔偿托运人因此造成的损失。

7．在承运人将货物交付收货人之前，托运人可以要求承运人中止运输、返还货物、变更到达地或者将货物交给其他收货人，但应赔偿承运人因此造成的损失。

四、交货

1．货物交接时，一方对货物的重量和内容有质疑，可提出查验与复磅，查验和复磅的费用由责任方负担。

2．收货人不明或收货人拒绝受领货物的，承运人应及时与托运人联系，在规定期限内负责保管并有权收取保管费用，对于超过规定期限仍无法交付的货物，承运人有权按《中华人民共和国合同法》的规定，提存货物。

3．货物有包装的，到达运输地点后，外包装完好而内部货物有货损、货差的，由托运人负责。

五、事故处理

1．货运事故是指货物运输过程中发生货物毁损或灭失。货运事故发生后，承、托双方应编制货运事故记录。

2．货物运输途中，因第三方责任造成货物毁损或灭失的，承运人应先行向托运人赔偿，再由其向第三方追偿。货物已投保的，承运人应不迟延地通知托运人，并采取一切方法协助托运人获得赔付。若承运人怠于履行通知义务和协助义务，应赔偿托运人因此造成的损失。

3．承运人能够证明是由于《中华人民共和国合同法》第 311 条规定的原因造成货物毁损、灭失的，不承担损害赔偿责任。

4．货运事故处理过程中，收货人不得扣留车辆，承运人不得扣留货物。由于扣留车、货而造成的损失，由扣留方负赔偿责任。

六、争议解决

本合同项下发生的争议，双方应协商或申请调解解决，协商、调解解决不成的，可向有管辖权的人民法院起诉或向双方选定的仲裁机构仲裁。

××市工商行政管理局　　　××市运输管理局　制定

4．项目流程

（1）托运人向承运人提出托运申请，填写道路货物托运单。

（2）承运人同意托运，填写道路货物运单。

（3）填写物品清单；检查填写内容是否有误；如果单证填写有误，更改单证内容并在更改处签章。

（4）如果需要运输变更，在条件许可的情况下经承运方同意，填写运输变更申请书。

5．操作步骤

（1）实训班级每 8 人一组，每组成员再分成托运人和承运人两方。

（2）托运人向承运人提出托运申请，填写道路货物托运单。

（3）承运人同意托运，填写道路货物运单。

（4）填写物品清单；检查填写内容是否有误；如果单证填写有误，更改单证内容并在更改处签章。

（5）托运人如果需要进行运输地点等的变更，在条件许可的情况下经承运方同意，填写运输变更申请书。

1.3　项目评价

项目完成组			项目名称		完成时间	
项目完成情况		是否完成	资料是否齐全	人员参与度	有无差错	完成质量
		是□ 否□	是□ 否□	高□ 低□	有□无□	高□一般□
项目主要问题分析	问题					
	原因					
	正确做法					

1.4　项目考核

被考核组名称		考核项目名称				
考核内容	能准确叙述运输合同的含义和内容（20 分）	单证填写清晰，无涂改（20 分）	单证填写正确，无错误（20 分）	单证完整，无遗漏项目（20 分）	人员协作（20 分）	
考核评价（100 分）						
小组总评						
被考核个人姓名		扮演角色				
考核内容	个人评价	小组评价	教师评价	工作难度	作业质量	个人表现
考核评价（100 分）						
个人总评						
综合评价得分		综合评价得分=（小组总评+个人总评）/2				

项目二

铁路货物运输业务办理及运费计算

2.1 项目准备

1．项目目标

（1）熟悉并掌握铁路货物运输业务办理一般作业流程。

（2）理解铁路运单在铁路货物运输中的作用，能够正确填写运单。

（3）明确运单的内容，能计算货物运到期限。

（4）了解货票各联的作用，会填写货票。

（5）了解铁路货物运输运费的计算方法，会根据铁路货物运输业务熟练地计算运费。

2．项目内容

铁路货物运输业务办理及运费计算。

3．项目环境

（1）单据准备：铁路货运单、铁路货票、物品清单、铁路货物运输品名分类与代码表、铁路货物运价率表、货物运价里程表。

（2）叉车、搬运车等装卸搬运工具。

2.2　项目实施

1．项目组织

本项目实行分岗轮训，由各小组内部成员轮流进行角色扮演，分别扮演铁路货物托运人和承运人的角色，主要完成铁路货物运输业务办理及运费计算。所有项目内容在指导教师的指导下由组长负责领导组员实施。

2．情景描述

青云果品公司（电话：7681××××，邮编：××××××，地址：××市××路××号），在南宁站托运一批未冷却的香蕉（条筐包装），品类序号为 9 号，1500 件，货物重量为 3300 公斤，货物价格为 5 万元，到站为重庆东，收货人为大成果品公司（电话：2652××××，邮编：××××××，地址：××市××路××号），容许运输期限为 12 天，运价里程为 231 公里。请填制一份运单、一份货票。

南宁站于 2015 年 10 月 1 日承运，该车 3 日挂运，承运人于 10 日卸车完毕，并于当日发出催领通知，13 日收货人到站领取货物并办理相关手续出车站。计算这批货物的运到期限应为几日？实际运到日数从何日起算？至何日止？共用了几天？这批货物运到是否逾期？铁路是否要支付违约金？为什么？

计算运输该批货物铁路部门应核收的有关运杂费。

3．项目流程

（1）托运人填写货物运单中托运人应填写内容，提交货物运单。

（2）承运人清算运输费用。

（3）承运人确定货物运到期限。

（4）承运人受理，填写货物运单中承运人应填写的相关内容。

（5）承运人制票。

4．辅助资料

（1）铁路货物运单格式如表 2-2-1 所示。

表 2-2-1 货物运单（普通）

南宁铁路局

货物指定于 10 月 1 日搬入

货位：23

货物运单

承运人/托运人装车
承运人/托运人施封

计划号码或运输号码：415 托运人→发站→到站→收货人

运到期限 12 日 货票第 1 号

托运人填写					承运人填写			
发站	广西南宁	到站（局）		重庆	车种车号	集装箱车 5200000	货车标重	5T
到站所属省（市）自治区				重庆	施封号码	8888		
托运人	名称	青云果品公司			经由	铁路货车篷布号码	3000000	
	住址	××市××路××号	电话	7681××××		集装箱号码	5200000	
收货人	名称	大成果品公司			运价里程			
	住址	××市××路××号	电话	2652××××	231km			

货物名称	件数	包装	货物价格（元）	托运人确定重量（公斤）	承运人确定重量（公斤）	计费重量	运价号	运价率	运费（元）
香蕉	1500	条筐	50000	3300	3300	3/1	21	0.523	2000
合计	1500	件	50000	3300	3300	3/1	21	0.523	2000

托运人记载事项	所运货物属于水果，须注意货物的平稳，避免强光，以免货物受损	承运人记载事项	避免强光，保证包装稳定性

注：本单不作为收款凭证，托运人签约须知见背面。

规格：350mm×185mm

托运人盖章或签字 万×× 2015 年 9 月 29 日

到站交付日期戳

发站承运日期戳 2015 年 9 月 29 日

领货凭证

车种及车号　集装箱/5200000

货票第 1 号

运到期限 12 日

发站	广西南宁	
到站	重庆	
托运人	青云果品公司	
收货人	大成果品公司	
货物名称	件数	重量
香蕉	1500	3300 公斤
承运人盖章或签字：广西南宁铁路局		
发站承运日期戳：2015.9.29		

注：收货人领货须知见背面

领货凭证（背面）	货物运单（背面）
收货人领货须知	托运人须知
1．收货人接到托运人寄交的领货凭证后，应及时向到站联系领取货物。 2．收货人领取货物已超过免费暂存期限时，应按规定支付货物暂存费。 3．收货人在到站领取货物，如遇货物未到时，应要求到站在本证背面加盖车站戳证明货物未到。	1．托运人持本货物运单向铁路托运货物，证明并确认和愿意遵守铁路货物运输的有关规定。 2．货物运单所记载的货物名称、重量与货物的实际完全相符，托运人对其真实性负责。 3．货物的内容、品质和价值是托运人提供的，承运人在接收和承运货物时并未全部核对。 4．托运人应及时将领货凭证寄交收货人，收货人凭领货凭证联系到站领取货物。

（2）货票格式如表 2-2-2 所示。

货票一式四联，甲联为发站存查联；乙联为报告联，由发站定期上报铁路局；丙联为报销联，发站收清运输费用后交托运人报销用；丁联为运输凭证，由发站将其随同运单和货物递至到站，由到站存查。货票甲、乙、丙、丁四联的格式基本相同。货票丁联的格式如下。

表 2-2-2　货票丁联

南宁铁路局

货票

计划号码或运输号码：415　　　　丁联

运到期限 12 日　　　　运输凭证：发站→到站存查　　　　A00001

<table>
<tr><td colspan="5">托运人填写</td><td colspan="5">承运人填写</td></tr>
<tr><td>发站</td><td>广西南宁</td><td>到站（局）</td><td colspan="2">重庆</td><td>车种车号</td><td colspan="2">集装箱车 5200000</td><td>货车标重</td><td>5T</td></tr>
<tr><td colspan="3">到站所属省（市）自治区</td><td colspan="2">重庆</td><td>施封号码</td><td colspan="4">8888</td></tr>
<tr><td rowspan="2">托运人</td><td>名称</td><td colspan="3">青云果品公司</td><td>铁路货车篷布号码</td><td colspan="4">3000000</td></tr>
<tr><td>住址</td><td>××市××路××号</td><td>电话</td><td>7681××××</td><td>集装箱号码</td><td colspan="4">5200000</td></tr>
<tr><td rowspan="2">收货人</td><td>名称</td><td colspan="3">大成果品公司</td><td>经由</td><td></td><td>运价里程</td><td colspan="2">231km</td></tr>
<tr><td>住址</td><td>××市××路××号</td><td>电话</td><td>2652××××</td><td></td><td></td><td colspan="3"></td></tr>
<tr><td rowspan="2">货物名称</td><td rowspan="2">件数</td><td rowspan="2">包装</td><td colspan="2">货物重量（公斤）</td><td rowspan="2">计费重量</td><td rowspan="2">运价号</td><td rowspan="2">运价率</td><td colspan="2">现付</td></tr>
<tr><td>托运人确定</td><td>承运人确定</td><td>费别</td><td>金额（元）</td></tr>
<tr><td>香蕉</td><td>1500</td><td>条筐</td><td>3300</td><td>3300</td><td>3/1</td><td>21</td><td>0.523</td><td>运费</td><td>2000</td></tr>
<tr><td></td><td></td><td></td><td></td><td></td><td></td><td></td><td></td><td>装费</td><td>250</td></tr>
<tr><td></td><td></td><td></td><td></td><td></td><td></td><td></td><td></td><td>取送车费</td><td>200</td></tr>
<tr><td></td><td></td><td></td><td></td><td></td><td></td><td></td><td></td><td>过秤费</td><td>100</td></tr>
<tr><td>合计</td><td>1500</td><td></td><td>3300</td><td>3300</td><td>3/1</td><td>21</td><td>0.523</td><td></td><td>2550</td></tr>
<tr><td>托运人记载事项</td><td colspan="4">所运货物属于水果，须注意货物的平稳，避免强光，以免货物受损</td><td>承运人记载事项</td><td colspan="4">避免强光，保证包装稳定性</td></tr>
</table>

5. 操作步骤

（1）以托运人身份填写货物运单。

（2）以承运人身份计算运到期限。

（3）以承运人身份清算运输费用。

① 通过互联网查询铁路货物运价率表、货物运价里程表、铁路电气化区段表、铁路货运营运杂费费率表。

② 计算运费。确定运价里程、运价号、基价、计费重量，计算运费。

③ 计算附加费。确定电气化附加费、新路新价均摊费、铁路建设基金费。

④ 计算各项杂费。

（4）以承运人身份填写货物运单相关内容。

（5）以承运人身份填写货票。

2.3　项目评价

项目完成组			项目名称		完成时间	
项目完成情况		是否完成	资料是否齐全	人员参与度	有无差错	完成质量
		是□　否□	是□　　否□	高□　低□	有□无□	高□一般□
项目主要问题分析	问题					
	原因					
	正确做法					

2.4　项目考核

被考核组名称		考核项目名称				
考核内容	能准确叙述运输合同的含义和内容（20分）	单证填写清晰，无涂改（20分）	单证填写正确，无错误（20分）	单证完整，无遗漏项目（20分）	人员协作（20分）	
考核评价（100分）						
小组总评						
被考核个人姓名		扮演角色				
考核内容	个人评价	小组评价	教师评价	工作难度	作业质量	个人表现
考核评价（100分）						
个人总评						
综合评价得分		综合评价得分=（小组总评+个人总评）/2				

项目三

船舶定义

3.1 项目准备

1. 项目目标

（1）了解船舶基本信息，能够在系统中新增船舶基本信息。

（2）熟练地对船期、船舶信息进行查询、增加、修改操作。

（3）熟练进行船图定义。

2. 项目内容

新增船舶基本信息；船图定义；查询、增加、修改船期表。

3. 项目环境

（1）具有容纳学生进行仿真模拟实训的计算机机房。

（2）服务器安装集装箱码头模拟实训系统软件。

（3）学生机安装集装箱码头模拟实训系统客户端。

3.2 项目实施

1. 项目组织

本项目分组进行，每小组可以由 1～5 人组成，每组设组长一名，所有项目内容在指导教师指导下由组长领导组员实施。

2．情景描述

船舶计划员需对公司负责装卸的“东鸿号”船舶基本信息资料进行登记、查询，包括船舶代码、船舶名称、载重吨位等信息。记录船舶资料，如船舶的船名、船主、地址、航线、联系电话、长、宽、深、容积、马力、集装箱箱量等，反映船舶信息。系统将根据船舶主尺度和主机条件生成船型。根据船型、船舶预配载的货物及货物属性进行船图定义。

3．项目流程

（1）登记船舶基本信息。

（2）对船舶进行船图定义。

编制一个“东鸿号”船舶的货物堆放空间图，并在堆放说明中说明所选组的层、列大致区域中放置何种货物，以及为何要这样放置。

（3）编制船期表。

4．辅助资料

（1）“东鸿号”船舶基本信息如表 2-3-1 所示。

表 2-3-1 “东鸿号”船舶主要技术数据

船体部分			
中文船名（及简称）	东鸿	船籍港	宁波
英文船名	Donghong	船名代码	DH2011
船旗国	中国	船舶呼号	DHBR
总长	117.45	总吨	4653
呼号	BLCI	船舶种类	集装箱船
两柱间长	108	净吨	3220
建造日期	2008 年 6 月 12 日	建造厂	日本
营运证号	浙 SJ（2002）06-00030	船舶所有人	李红鎏、施朝元
船舶经营人	象山东和航运发展有限公司	船级	ZC
船公司代码	中国海运（集团）总公司	船公司船名代码	CSCS
型宽	18.64	载重吨	6036.4
型深	8.5	载货吨	5387
甲板层数	16	舱盖数	6 舱 6 盖
总箱量	5963	总贝数	360
箱位排数	33	IMO	96800
空载吃水	2.61	满载吃水	6.5
空载排水量	2992.630	满载排水量	9028
航速	11 节	航区	近海

续表

箱位	舱内 382TEU 甲板（358）	冷箱	插座数 30pcs（440V/60Hz）
最大高度	35.6m	压载	淡水舱
最大供电量	三台并车 辅助锅炉 水管 燃油品种 0#轻柴油 油舱加温 蒸气		
航行用电量	150kw 废气锅炉 水管 燃油耗量 滑油牌号		
燃油舱容			
重油	No.1P/163.3 No.1C/182.1 沉淀柜/33.4 合计：562m^3 溢油柜/6.5 No.1S/163.3 日用柜/19.9 合计：340m^3 污油柜/7.3		
轻油	No.2C/209.3 No.4C/122.4 日用柜/8.4		
舱：			
舱口	尺寸	舱盖数×重量(T)	舱盖形式 舱内装箱数 甲板装箱数 舱盖强度 舱底强度
1		2×21	箱型吊式
2	11.9×11.9	4×21	箱型吊式
3	11.9×11.9	4×21	箱型吊式
4	11.9×11.9	4×21	箱型吊式
5	11.9×11.9	4×21	箱型吊式
6	11.9×11.9	4×21	箱型吊式
主机部分			
型号	MAN10V40/54	额定转速	430/203.97rpm
额定功率	5600HP	燃油品种	120cst
机型	V 型四冲程机	营运转速	350/166rpm
营运功率	3020，54%	耗油率	146+3%g/ps.h
制造厂	Mitsbishi，日本	临界转速	减速比 1∶2.108
燃油耗量	8.3T		
卸载要求	为防止货物在装箱时有超载、偏载、偏重等违反铁路货物运输安全情况发生，请在作业时按以下标准作业。 1．各类集装箱装载限重如下：货重（毛重）≤25.5T/40'GP&HQ，货重（毛重）≤2⑤T/20'GP，货重（毛重）≤25.5T/20'HD。 2．20 英尺集装箱铁路运输只可两个一组运输，单个集装箱铁路不受理运输业务。两箱运输装货重量之差不得大于 5t。 3．装载货物原则必须按照轻重搭配、四平八稳的操作要求，货物装载完毕后，集装箱箱体前后（纵向）的水平误差不得超过 50cm，左右（横向）水平误差不得超过 50mm		
配载要求	1．舱内先配，小箱先配，上轻下重，轻重箱搭配要合理。 2. 避免不同港口的箱子互压，无法避免时，先靠港口的箱子压在后靠港口箱子的上面。 3．注意船舶的稳性、吃水、扭曲度、纵向强度、甲板舱内负荷是否超过限制。 4．危险品箱原则上应远离生活舱。 5．温控箱尽量靠近生活舱，以方便船上巡查。		

续表

配载要求	6．必须了解清楚舱内高箱积载层数，而且，对于舱内过境货有无高箱必须了解清楚，确实无法落实的舱内尽量不放高箱。 7．特种箱按指定位置配载。 8．倒箱按指定位置配载。 9．过境箱的位置要准确无误，本港出口箱不与过境箱发生冲突。 10．配载结束后，保存和打印总图、贝位图和其他相关文件，发送出口 EDI 船图给船公司或打印一份出口船图送大副，若船公司或大副审核签字同意装船，则可通知现场开始装箱，并发出口 EDI 船图给外理，同时通知相关组别。 11．配载完毕后，仔细核对配载操作系统释放数据和实际出口放行数据是否相符

注：此表中数据的单位都是默认单位，不再一一标出。

（2）船图定义基本要求。

① 为满足稳性、纵强度和吃水差的要求，各舱配置货物重量应在上、下限范围内，上、下层舱配货重量比应保持在 30%～35%、65%～70%。

② 合理确定不同货物的舱位和货位。

③ 忌装货物之间应进行妥善隔离。

④ 无重货压轻货、易碎品受压现象。

⑤ 各舱室实际配货体积至少需小于该舱舱容 $20m^3$。

⑥ 满足装卸顺序要求，先卸港货不被后卸港货堵住。

⑦ 各卸港货物的装载左右均衡，船舶无初始横倾角。

"东鸿号"（半集装箱船，船的中部区域作为集装箱的专用货舱，而船两端的货舱装载其他杂货）6 月 5 日从上海港出发，此时我国沿海南北两个季节热带区域均处于热带季节，到西贡进入赤道海域，也是热带区域，都可以使用热带载重线；然后，分别于 6 月 8 日到伦敦，6 月 15 日到安特卫普（均走苏伊士运河进入阿拉伯海季节热带区域），此时（6 月 1 日起）该区域处于夏季，应使用夏季载重线。

（3）船舶主要参数。

夏季排水量 Δs 19710 t，夏季型吃水 ds 9.20m。

热带排水量 ΔT 20205 t，热带型吃水 dT 9.39m。

冬季排水量 Δw 19215 t，冬季型吃水 dw 9.01m。

空船排水量 ΔL 5565 t，空船型吃水 dL 3.14m。

垂线间长 Lbp 148.0 m，型 B 21.2m。

型深 D 12.5 m，龙骨板厚度 0.03m。

船舶常数 220.0 t，设计船速 17.5 kn。

（4）航次货物概况（第一类货物）。

① 丝绸，ctns，纸箱装，贵重货，有轻微气味。共 1 箱，每箱概况为：

规格	箱型	长度/m	宽度/m	高度/m	总重/kg
6.1M（20FT）	ICC	6.05	2.44	2.59	24000

上海港装船，安特卫普港卸船。

② 日用品，ctns，箱装，普通货。共 2 箱，每箱概况为：

规格	箱型	长度/m	宽度/m	高度/m	总重/kg
6.1M（20FT）	IC	6.05	2.44	2.44	24000

上海港装船，安特卫普港卸船。

③ 茶叶，ctns，纸箱装，食品，极怕潮湿和气味，怕热、怕压、怕污染。共 2 箱，每箱概况为：

规格	箱型	长度/m	宽度/m	高度/m	总重/kg
9.1M（30FT）	IBBB	9.12	2.44	2.9	28400

上海港装船，伦敦卸船。

④ 棉纺织品，ctns，普通货（也有人认为有轻微的樟脑味）。共 2 箱，每箱概况为：

规格	箱型	长度/m	宽度/m	高度/m	总重/kg
6.1M（20FT）	IC	6.05	2.44	2.44	24000

上海港装船，安特卫普港卸船。

⑤ 大豆，bgs，袋装，食品，潮湿货，怕气味、怕污染，大票货。共 600 袋，总重为 140 吨。

上海港装船，伦敦卸船。

⑥ 搪瓷制品，ctns，纸箱装，怕压货。共 4 箱，每箱概况为：

规格	箱型	长度/m	宽度/m	高度/m	总重/kg
6.1M（20FT）	IC	6.05	2.44	2.44	24000

上海港装船，安特卫普港卸船。

⑦ 大米，bgs，袋装，食品，潮湿货，怕气味、怕污染。共 750 袋，总重为 82 吨。

上海港装船，伦敦卸船。

⑧ 文具用品，c/s，箱装，普通货。共 4 箱，每箱概况为：

规格	箱型	长度/m	宽度/m	高度/m	总重/kg
6.1M（20FT）	ICC	6.05	2.44	2.59	24000

上海港装船，安特卫普港卸船。

⑨ 纺织品，ctns，纸箱装，普通货。共 3 箱，每箱概况为：

规格	箱型	长度/m	宽度/m	高度/m	总重/kg
6.1M（20FT）	ICC	6.05	2.44	2.59	24000

上海港装船，伦敦卸船。

（5）航次货物概况（第二类货物）。

① 荞麦，bgs，袋装，食品，潮湿货，怕气味、怕污染 ，大票货。共 1000 袋，总重为 100 吨。

上海港装船，安特卫普港卸船。

② 钢丝网，cls，盘，轻度污染货，一般打底，怕潮湿。总重 100 吨。

上海港装船，伦敦卸船。

③ 卫生纸，rls，卷，极怕潮湿，清洁货。共 5 箱，每箱概况为：

规格	箱型	长度/m	宽度/m	高度/m	总重/kg
6.1M（20FT）	ICC	6.05	2.44	2.59	24000

上海港装船，安特卫普港卸船。

④ 钢管，bdls，捆，轻度污染货，一般打底，怕潮湿。总重 120 吨。

上海港装船，伦敦卸船。

⑤ 罐头，ctns，纸箱装，食品，极怕潮湿，怕气味、怕污染、怕热，大票货。共 6 箱，每箱概况为：

规格	箱型	长度/m	宽度/m	高度/m	总重/kg
6.1M（20FT）	ICC	6.05	2.44	2.59	24000

上海港装船，伦敦卸船。

⑥ 陶瓷制品，ctns，纸箱装，易碎品。共 4 箱，每箱概况为：

规格	箱型	长度/m	宽度/m	高度/m	总重/kg
6.1M（20FT）	ICC	6.05	2.44	2.59	24000

上海港装船，安特卫普港卸船。

⑦ 桐油，d/s，铁桶装液体货，污染货，有毒，易挥发，可燃。桐油的色、味与食用植物油相似，误食会引起中毒。共 1000 桶，重 210 吨，平均每桶重 211 kg。

上海港装船，安特卫普港卸船。

⑧ 新闻纸，rls，卷，极怕潮湿，清洁货。总重 80 吨。

上海港装船，安特卫普港卸船。

⑨ 兔毛，b/s，包，强烈气味货。总重 42 吨。

伦敦港装船，安特卫普港卸船。

⑩ 塑料制品，ctns，箱装，怕压，怕热。共 3 箱，每箱概况为：

规格	箱型	长度/m	宽度/m	高度/m	总重/kg
12.2M（40FT）	IAAA	12.2	2.44	2.9	30480

上海港装船，安特卫普港卸船。

（6）船期表基本信息如表 2-3-2 所示。

表 2-3-2　船期表基本信息

承运人	负责人	起始海运港	海运目的港	班期	总航程	海运港序	航线名称
中国远洋运输（集团）总公司	王林	Shanghai	KAOHSIUNG	周三	5	Shanghai —ISHIGAKI—KEELUNG—TAICHUNG—KAOHSIUNG	中国—东南亚 CHINA—SOUTHEAST ASIA
船名	航次	Shanghai（上海）	QINGDAO（青岛）	KEELUNG（基隆）		TAICHUNG（台中）	KAOHSIUNG（高雄）
		0	3	3		4	5
		ETA—ETD	ETA—ETD	ETA—ETD		ETA—ETD	ETA—ETD
中远太平洋	5505	12.02-12.03	12.04-12.04	12.05-12.05		12.06-12.06	12.07-12.07

注：ETD（Estimate Time of Delievery）：预计装船期；ETA（Estimate Time of Arrive）：预计到达期。

5. 操作步骤

（1）登记“东鸿号”船舶基本信息。

① 选择“计划部”→“船舶计划员”选项登录，单击实训中心按钮，选择任务“船舶定义”，再单击按钮回到工作岗位。

② 选择实训中心→“业务”→1 船舶属性选项，单击任务按钮，查看任务内容后再单击新增按钮（见图 2-3-1）。

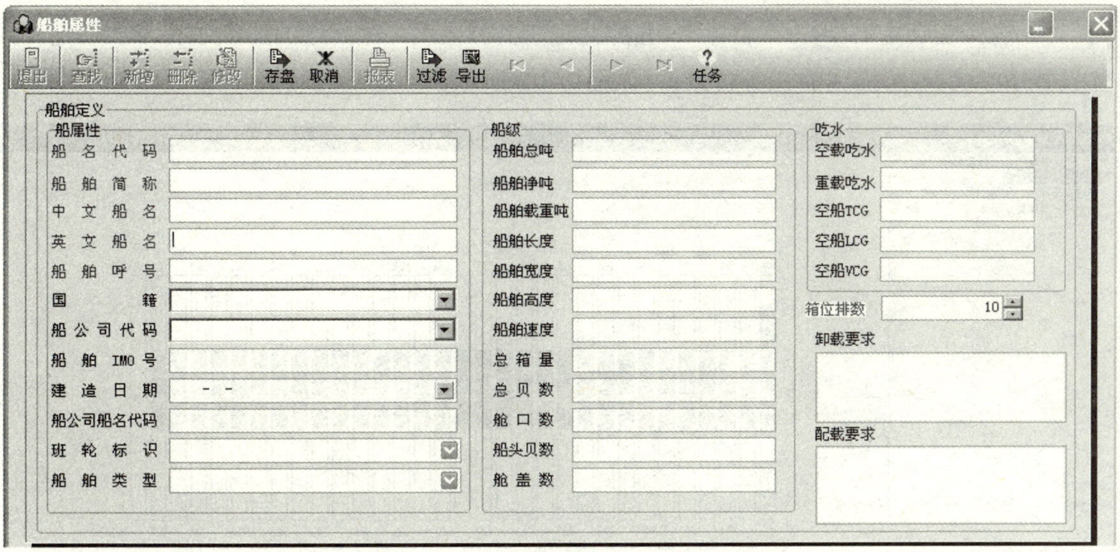

图 2-3-1　船舶属性

③ 根据任务内容填写相关信息后单击存盘按钮。

主要说明项如下。

船名代码：船舶的编号，不可重复。

中文船名：在界面上显示的船名。

英文船名：船舶的英文名称。

船舶类型：按船型分分为杂货－集装箱两用船（Conventional Ship）、半集装箱船（Semi-Container Ship）、全集装箱船（Full Container Ship）。按装卸方式分分为吊装集装箱船（LO/LO-lift on /lift off）、滚装式集装箱船（RO/RO-roll on /lift off）、滚－吊船（RO/LO）、载驳船（Barge Carrier）。

船舶登记：船舶取得国籍的必要程序。按照国际法准则，船舶必须在某国登记取得该国国籍后方能悬挂登记国国旗在公海上航行。

船舶呼号（Call Sign）国际海事组织为了辨别船舶，为每一条船舶设定了一组字母或数字。主要作用就是在船舶海上联络、码头靠泊、信息报告的时候使用，通常有四个或五个字符，中国籍船舶的第一个字母是 B。

船舶 IMO（International Maritime Organization，国际海事组织号）：国际海事组织的识别码，是船舶名称代码，以 IMO 规定的劳氏船舶登记号为依据。

（2）船图定义。

① 选择“计划部”→“船舶计划员”选项登录，单击实训中心按钮，选择任务“船舶定义”，再单击按钮回到工作岗位。

② 选择实训中心→“业务”→2 船舶堆放定义选项，对新增的船舶进行堆放设定（具体设置请参考任务所描述的任务背景），如图 2-3-2 所示。

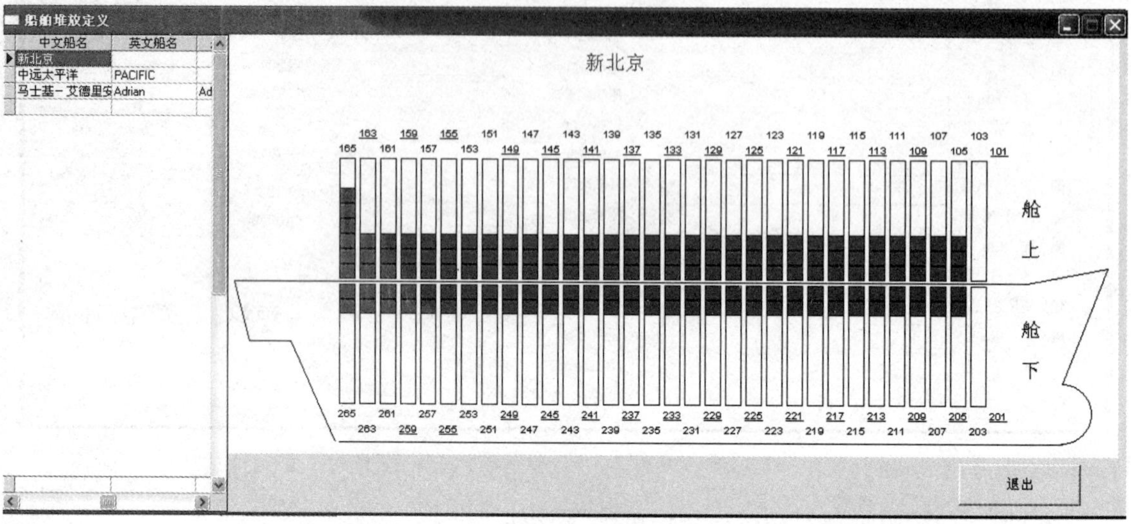

图 2-3-2　船舶堆放定义

③ 选择船名，在需设置仓容量的地方单击，弹出下列窗口（见图 2-3-3）。

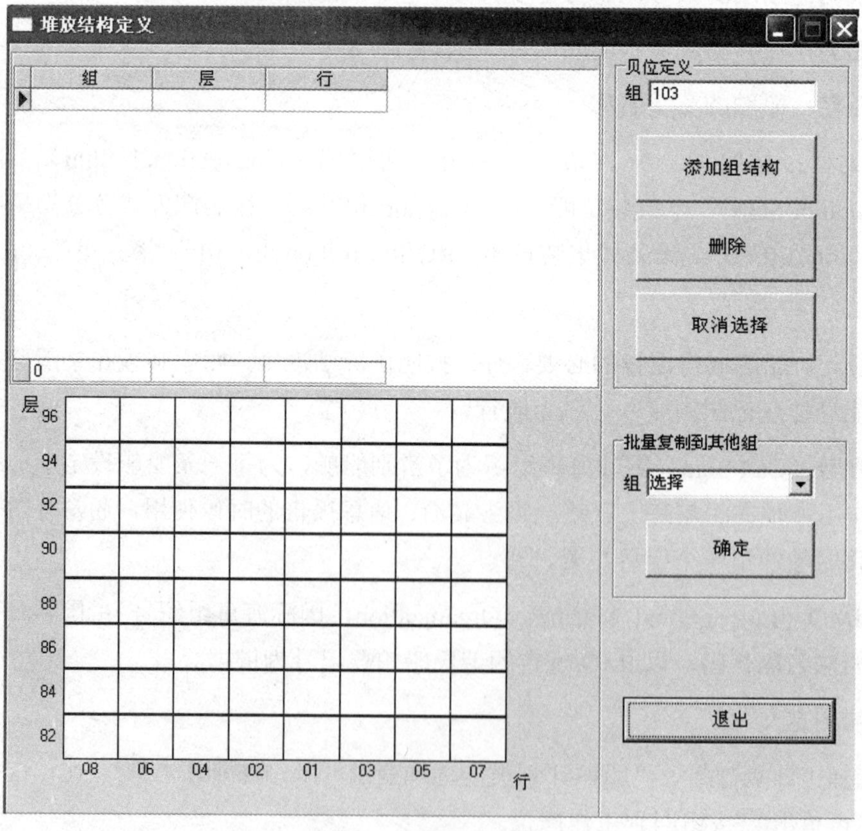

图 2-3-3　堆放结构定义

④ 拖曳鼠标选择需设计的层、行，选定后单击添加组结构按钮，全部设计完成之后单击退出按钮。船仓可用空间是从最低到最高进行选择的，不能有“空间阁楼”现象，每一小格可容纳 20 英尺的集装箱。若要删除选中区域，拖曳鼠标选择要删除的层、行，单击删除按钮。若安排与该组空间结构相同，在“批量复制到其他组”中选择对应的组 组 265 后单击确定按钮。

实训提示：

先将货物按所到港进行分类；再将货物按性质分类，选择船舱大致位置（根据船的中部区域放集装箱，船的两端货舱装载其他杂货的原则）排放。这 20 种货物大致分为以下 9 类。

① 桶装液体货：桐油。

配于中部大舱作打底货。

② 食品货：中国茶叶、大豆、罐头、大米和荞麦。

食品货都怕气味、怕污染，尽量远离热源。其中，茶叶极怕气味，茶叶和罐头不应配置在靠近机舱的第 4 舱和第 5 舱；大米、大豆和荞麦如果必须配置在第 4 舱和第 5 舱，则应在积载图的备注栏中注明在靠近机舱舱壁一侧应留出通风通道（图中用垂直虚线表示）。

③ 强烈气味货：兔毛。

与食品货等怕气味货分舱室积载。

④ 易碎、怕压货或轻泡货：陶瓷制品、塑料制品、搪瓷制品和编织草毯。

陶瓷制品应在二层舱单独积载，其他货品可配于顶层。

⑤ 潮湿货（吸收和散发水分货）：大米、荞麦和大豆。

大票货应在中部大舱底舱积载，应与怕潮货不同舱。

⑥ 怕潮货：茶叶、罐头、新闻纸和卫生纸（钢管和钢丝网）。

与潮湿货严格分舱配装。钢管和钢丝网也尽量不与潮湿货同舱室。应尽量避开舱内易产生水的部位，如露天甲板下、水线附近等。

⑦ 贵重货：丝绸。

应配载在贵重舱，与贵重舱相邻的 5 号二层舱不应配置茶叶、罐头等怕气味的货物。

⑧ 清洁货：新闻纸和卫生纸。

与污染货分室、不相邻或用帆布隔离。

⑨ 污染货：桐油、钢管和钢丝网。

与食品货分室配置，与清洁货分室、不相邻或用帆布隔离。

⑩ 其他普通货：日用品、棉纺织品、纺织品和文具用品。

（3）船期录入。

① 选择“计划部”—“船舶计划员”选项登录，单击实训中心按钮，选择任务“船舶定义”，再单击按钮回到工作岗位。

② 选择实训中心—“业务”—3 船期录入选项，单击任务按钮，查看任务内容后再单击新增按钮（见图 2-3-4）。根据任务背景填写相关信息后单击存盘按钮。

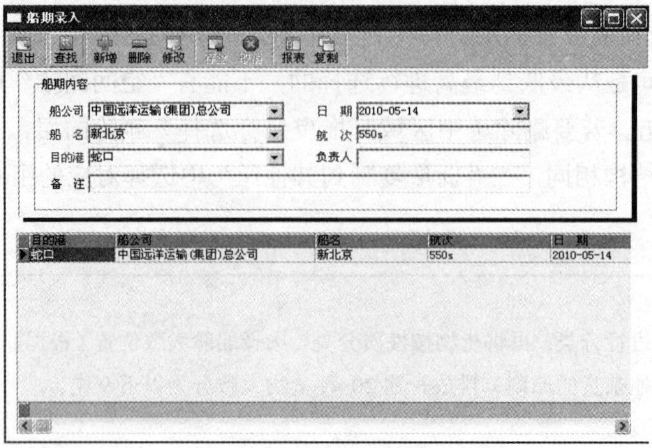

图 2-3-4 船期录入

3.3 项目评价

项目完成组		项目名称		完成时间	
项目完成情况	是否完成	资料是否齐全	人员参与度	有无差错	完成质量
	是□ 否□	是□ 否□	高□ 低□	有□无□	高□一般□
项目主要问题分析	问题				
	原因				
	正确做法				

3.4 项目考核

被考核组名称		考核项目名称				
考核内容	流程的基本操作	人员分配	单证资料	人员协作	完成情况	
考核评价（100 分）						
小组总评						
被考核个人姓名		岗位		所属部门		
考核内容	个人评价	小组评价	教师评价	工作难度	作业质量	个人表现
考核评价（100 分）						
个人总评						
综合评价得分		综合评价得分=（小组总评+个人总评）/2				

项目四

集装箱进口流程

4.1 项目准备

1. 项目目标

（1）了解集装箱进口流程。

（2）了解集装箱进口的相关单证。

（3）了解 3D 系统的基本操作。

（4）熟悉每个角色在集装箱码头作业的工作任务及岗位职责。

（5）掌握船舶的装卸货流程。

（6）能准确认识码头的各类作业工具及设备。

（7）能够对供应商做出正确的选择和评价。

2. 项目内容

集装箱进口流程角色扮演操作。

3. 项目环境

（1）具有容纳学生进行仿真模拟实训的计算机机房。

（2）服务器要求安装集装箱码头模拟实训系统软件。

（3）学生机要求安装集装箱码头模拟实训系统客户端。

4.2 项目实施

1. 项目组织

本项目分组进行，每小组可以由 3～5 人组成，每组设组长一名，所有项目内容在指导教师的指导下由组长领导组员实施。

2. 情景描述

广州南沙港收到船公司文件文员发来的关于 PACIFIC 号的船舶资料、预报信息、船图清单、舱单、船期信息、离港信息及危险货物申报单（详见 3D 系统列表），预计 2010 年 1 月 21 日 10:23 分将抵达广州南沙港，预计 10:35 分靠泊，确报到港时间为：2010 年 1 月 21 日 12:10 分。2010 年 1 月 21 日 12:30 抵锚，12:45 分靠泊（并停靠在 2 号泊位），13:20 分联检。计划 2010 年 1 月 30 日 7:10 分离港，并准时正常离港。请模拟码头工作人员完成进口船舶相关作业任务。

3. 项目流程

（1）船公司文件文员发送船公司资料给码头。

（2）计划部船舶计划员向代理人发抵港预报。

（3）计划部船舶计划员向代理人发抵港确报。

（4）计划部堆场计划员导入 EDI 进口清单。

（5）计划部堆场计划员制定离泊靠泊计划。

（6）计划部船舶计划员向代理人发船舶到港警报。

（7）中控部配载员进行舱单确认。

（8）计划部堆场计划员做堆场计划。

（9）中控部调度控制员分配吊桥及车辆。

（10）中控部调度控制员发送指令，将工作分发给装卸队的成员。

（11）装卸队作业。

- 桥吊司机——卸船。
- 内拖车司机——卸船。
- 龙门吊司机——卸车、外拖提货。
- 正面吊司机作业——查验、拆箱。

- 侧面吊司机作业——卸拼箱货。

（12）计划部船舶计划员发船舶离港警报。

（13）箱管部箱管员办理进口集装箱（整箱货）。

（14）箱管部箱管员办理进口集装箱（散货）。

（15）进闸员车辆进登记——提整箱货、提拼箱货、还箱。

（16）外拖车司机——重出吉回、提拆箱货。

（17）出闸员车辆出登记——提货后出。

4．辅助资料

（1）进口船舶基本信息。

装货港：0006 纽约。

卸货港及目的地港：4001 广州。

中远太平洋 PACIFIC 号船期表如表 2-4-1 所示。

表 2-4-1　中远太平洋 PACIFIC 号船期表

VESSEL	纽约	大阪/OSA	上海/SHA	广州（GUZ）	
PACIFIC	0109	0112	0118	0121	
船体部分					
船检登记号	05B2027	中文船名	中远太平洋号	英文船名	PACIFIC
船舶呼号	VRBD7	国际海事组织编号	9359612	船旗国	Hong Kong，China
船籍港		Hong Kong	船舶所有人		COSCO Pacific Limited
船舶管理公司		中国远洋运输（集团）总公司	船长		24 米
船舶类型及用途		General Dry Cargo Ship	下次特检日期		2010-06-27
总吨位	5250	净吨位	2976	载重吨	7624
船舶总长	110	垂线间长	103	型宽	19.700000762939
型深	8.5	干舷	2	平均吃水	6.5
航速	12.5	甲板层数	1；Upper deck	舱壁数	6；Fr.9 压载 0
船体入级符号		★CSA 船体附加标志	Equipped with Container Securi		
轮机入级符号		★CSM 轮机附加标志	BRC		
冷藏附加标志		上层建筑及甲板室	Forecastle:11.5		
船舶建造厂	Shandong Huanghai Shipbuilding		船舶建造地点	China	
船舶建造时间	2005-06-28		主机建造厂	Zhenjiang Marine Diesel Works	
主机建造时间	2004-12-01		锅炉建造时间	2004-09-01	

锅炉建造厂	Zhangjiagang Greens Shazhou Bo	锅炉建造地点	China
主机型式*数量	8L23/30A*2	主机缸数*缸径*行程*功率*转速	8*225*300*1280.00*900.00
发电机*数*功率*电压	MP-H-150-4*3*150.00*400	锅炉数*压力*受热面积	1*0.78* 31/70
冷藏舱数	1	冷藏总容积	0
集装箱数*规格	373*TEU(dk)；181*TEU(hold)；货舱数	货舱总容积	8787.79
各货舱容积	No.1 Cargo Hold*(B2192.36)/(G2192.36) No.2 Cargo Hold*(B3297.94)/(G3297.94) No.3 Cargo Hold*(B3297.94)/(G3297.94)		
舱口数及舱口尺度	1*19.5×15.0　2*25.35×15.0		

（2）船舶装载信息。

船代码	PACIFIC	航次号	5505	堆存方式	进口大计划	贸易性质	一般贸易
泊位代码	2	停靠方式	直接停靠	缆桩-米	共13个系缆桩，负荷能力为55万吨，每桩间距为17米		
装卸付费	广二运输公司［KC20020401］	港口使用费	安骏达运输公司［KC20020701］	海关编编号	N125547	船代理	COSCO
运输类型	进口贸易	外贸航线	MDX	计划开工时间	2010年1月21日12:45		
计划完工时间	2010年1月30日07:00			实际开工时间	2010年1月21日12:50		
实际完工时间	2010年1月30日07:30			进口总箱量	4896		
普通箱量	［箱类型：40'GP 箱量：1896］			危品箱量	［箱类型：40'RF 箱量：1000］		
冷藏箱量	［箱类型：20'GP 箱量：500］			冷危箱量	［箱类型：40'HC 箱量：500］		

（3）进口集装箱办理单据资料（以两张单据为例）。

单据资料一

委托号	N01554	委托日期	4月1日	委托人	利通国际货运有限公司
货物代理	海达盛[KC2003019]	缴费单位	深圳市凌润物流有限公司[KC20040235]	作业方式	FOEI 提重进空
提单号		交货条款	场到场	装货港	纽约［0006］
返场地点	广州港	卸货港	广州港	贸易性质	外贸
目地港	广州港［4001］	工具	江海运输	有效期	4月10日
流向	广州港	预约时间	4月10日	结算方式	月结

按箱号提取	提单货物信息	货代码	200030	货名	长城牌 25 寸彩电
货标签	20011CNXIA	货件数	1000 件	危险等级	0
体积	2628m^3	毛重	4000kg	单位	台
箱公司	COSCO	箱位	0402D1	委托箱信息	
作业方式	取重箱送空箱	箱号	POCU 027380 (1) GB 2210	类型	干货集装箱
空重	175000 kg	铅封号	490202	工具	拖车
工具号	01	用箱方式	整箱	提箱地点	南沙港外贸重箱区 D01 区
返场地点		南沙中转站		验、允	

单据资料二

委托号	N01549	委托日期	4 月 1 日	委托人	利通国际货运有限公司
货物代理	海达盛[KC2003019]	缴费单位	深圳市凌润物流有限公司[KC20040235]	作业方式	FUOC 拆箱提货
提单号		交货条款	场到场	装货港	纽约［0006］
返场地点	广州港	卸货港	广州港	贸易性质	外贸
目地港	广州港［4001］	工具	江海运输	有效期	4 月 10 日
流向	广州港	预约时间	4 月 1 日至 4 月 10 日	结算方式	月结
按箱号提取	提单货物信息	货代码	200030	货名	长城牌 25 寸彩电
货标签	20011CNXIA	货件数	1000 件	危险等级	0
体积	2628m^3	毛重	4000kg	单位	台
箱公司	COSCO	箱位	0402D2	委托箱信息	
作业方式	空重箱循环取送	箱号	POCU 037366 (1) GB 2540	类型	通风集装箱
空重	1455kg	铅封号	6554125	工具	拖车
工具号	01	用箱方式	拆箱	提箱地点	南沙港外贸重箱区 D05 区
返场地点		南沙中转站		验、允	

（4）提整箱货登记信息。

车牌号	粤××××××	车型	空拖头车	司机姓名	李××
身份证号		42441×××××××××××××		进/出场时间	（以实训日时间为准）
所提箱号	CBHU352232	尺寸	20'GP	铅封号	LC3-SEL-9305

（5）提拼箱货登记信息。

车牌号	粤××××××	车型	空箱车	司机姓名	刘×
身份证号		48554××××××××××××××		进/出场时间	（以实训日时间为准）
所提箱号	CBHU3202732	尺寸	20'FR	铅封号	SG3-SEL-9308

（6）还箱登记信息。

车牌号	粤××××××	车型	空箱车	司机姓名	倪××
身份证号		48771×××××××××××××		进/出场时间	（以实训日时间为准）
所提箱号	CBHU3244714	尺寸	20'GP	铅封号	SG3-SEL-9308

（7）提货后出登记信息。

车牌号	粤××××××	车型	空拖头车	司机姓名	李××
身份证号		42441×××××××××××××		进/出场时间	（以实训日时间为准）
所提箱号	CBHU352232	尺寸	20'GP	铅封号	LC3-SEL-9305

（8）进口散货作业信息。

车辆	粤××××××	交接单号	M1648	集装箱号	CBHU3202732
航名航次	PACIFIC	集装箱尺寸	20	集装箱类型	通用柜
船公司	中国远洋运输（集团）总公司	进出闸原因	提进口散货	有效提箱时间	7天
预约提箱时间	（以实训日时间为准）	封条号	SG3-SEL-9308	货物类型	一般货
装送货地	南沙港	箱况	正常	货物名称	日用品
数量	1200箱	重量	1吨	体积	1.2m×0.7m×0.8m
还柜地点	码头装货及货柜装货区	进闸时间	（以实训日时间为准）	出闸时间	（以实训日时间为准）

（9）实训角色岗位职责。

① 计划部——堆场计划员及其职责。

负责EDI进出口清单管理，制定离泊、靠泊、堆场计划，对舱单进行维护。

② 中控室——配载员及其职责。

负责进口船图维护、预配、船舶实配、出口船图。

③ 中控室——调度控制员及其职责。

船舶操作（包括预配、确认）；船舶装卸报告制作；船舶港口费用确认；吊桥的分配。

④ 箱管部——箱管员及其职责。

负责进出口集装箱办理，监控集装箱的调拨、箱况、进出数据，及时准确维护及提供相关信息。负责商品装拆箱的收发工作；安排箱位、集装箱进出记录和工作报表；核对有关单证和数据。

⑤ 装卸队——桥吊司机及其职责。

负责集装箱的桥吊操作。要求拥有桥吊操作资格证书，熟悉港口作业，熟练掌握桥吊机械性能。

⑥ 装卸队——内拖车司机及其职责。

进行拖车作业工作，对进口集装箱货物进行拖车运输。要求持 A2 或老牌 B 照，拖车技术娴熟；有机械或电工知识；爱护车辆，能发现隐患，维护良好的安全技术状态。

⑦ 装卸队——龙门吊司机及其职责。

负责门机的日常使用；负责门机的日常检查；负责门机的日常保养和卫生；负责配合好指挥和修理工的各项工作。要求有龙门吊司机证。

⑧ 装卸队——外拖车司机及其职责。

负责完成公司的运输任务。要求持 A2 以上驾驶资格证。

⑨ 装卸队——正面吊司机及其职责。

主要负责集装箱装卸工作，要求持有“集装箱正面吊运起重机”特种作业证。

⑩ 装卸队——侧面吊司机及其职责。

船舶操作（包括预配、确认）；船舶装卸报告制作；船舶港口费用确认；吊桥的分配。

⑪ 装卸队——闸口管理员及其职责。

负责办理集装箱的交、提柜作业，件杂货过磅作业；作业资料输入电脑；夜班作业中，遇到非月结客户办理交柜作业，需代收相关费用并登记入册，与计费组交接签收；负责所有作业单证、文件资料的整理、归档及查找工作；良好的客户交流与服务。

5. 操作步骤

（1）发送船公司资料给码头。

① 选择“操作部”→“船公司—文件文员”选项登录，单击实训中心按钮，选择任务“集装箱进口（广州港）”。

② 选择实训中心→“业务”→“1 发送资料”选项，弹出“发送资料”窗口（见图 2-4-1）。

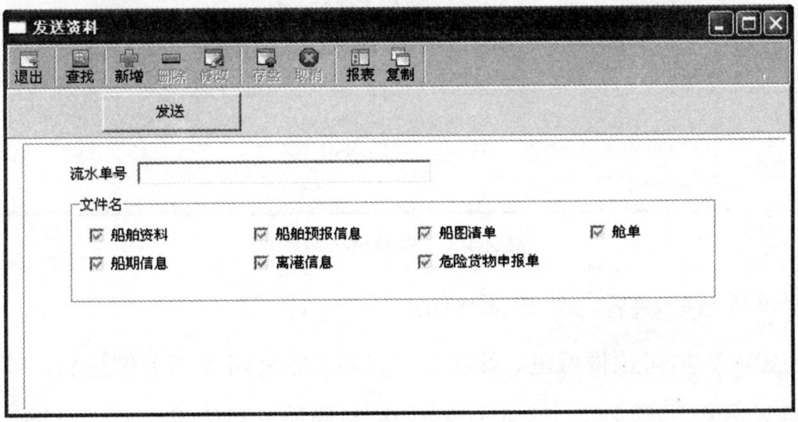

图 2-4-1 “发送资料”窗口

③ 单击新增按钮，根据任务背景选择要发送的文件后单击存盘按钮。单击发送按钮，弹出如图 2-4-2 所示提示框，单击“是”按钮。

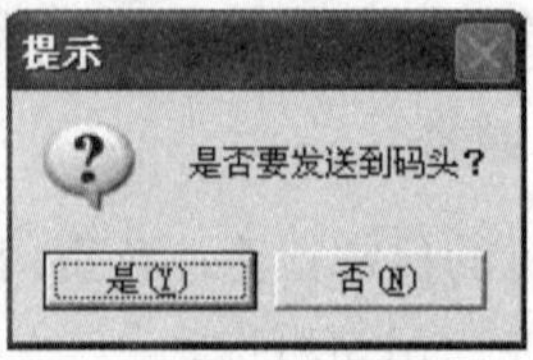

图 2-4-2　提示框

（2）船舶预报。

船舶应在抵港前 72 小时向代理人发抵港预报，报告预抵日期、时间、港名、抵港吃水、作业舱数/吨数、需加油水数、是否需引航（对外轮强制引航）。

① 选择“计划部”→“船舶计划员”选项登录，单击实训中心按钮，选择任务“集装箱进口（广州港）”，再单击按钮回到工作岗位。

②选择实训中心→“业务”→5 船舶预报维护选项，单击任务按钮，查看任务内容（见图 2-4-3）。

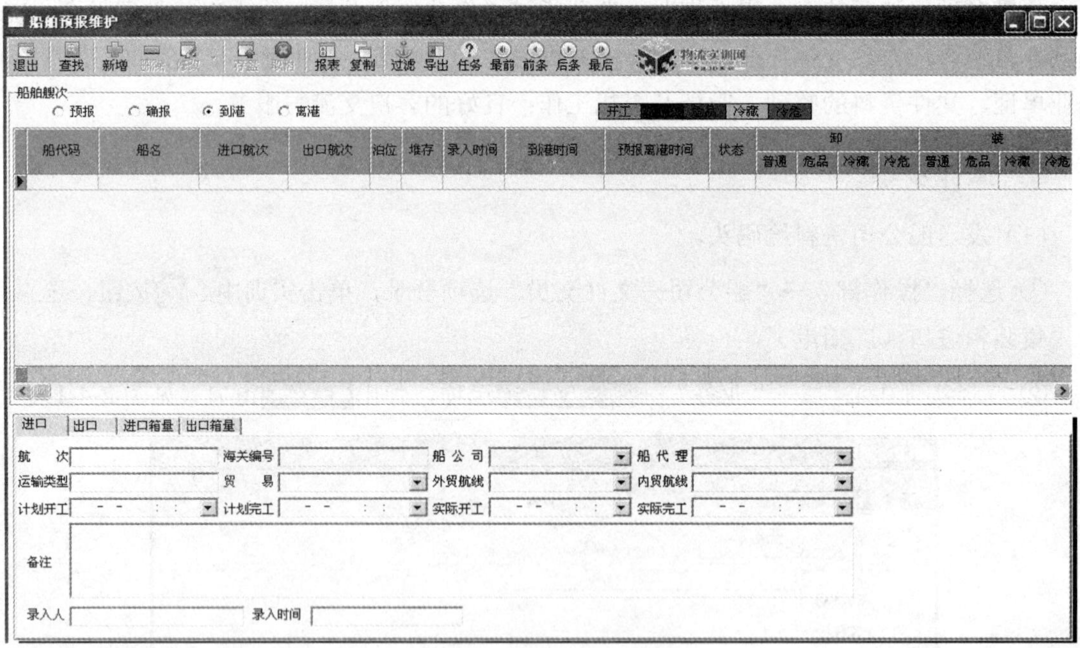

图 2-4-3　船舶预报维护

③ 选择警报状态预报后，单击新增按钮。

④ 根据任务内容填写预报抵港、艘次号、船舶、船公司等相关信息后，单击保存按钮。

⑤ 选择船名，单击修改按钮，再单击进口按钮增加该船的进口、进口箱量详细信息。

（3）船舶确报。

抵港前 24 小时向代理人发抵港确报，报告船名、准确抵达时间、港名。代理人应将船舶准确抵港时间通知港监，以便港监告知检查单位，安排检查时间。

① 选择“计划部”→“船舶计划员”选项登录，单击实训中心按钮，选择任务“集装箱进口（广州港）”，再单击按钮回到工作岗位。

② 选择实训中心→“业务”→5 船舶预报维护选项，单击任务按钮，查看任务内容。

③ 选择警报状态 预报 后，状态栏中会显示刚才船舶预报的信息，单击复制按钮后再单击存盘按钮，复制一条预报信息（见图 2-4-4）。

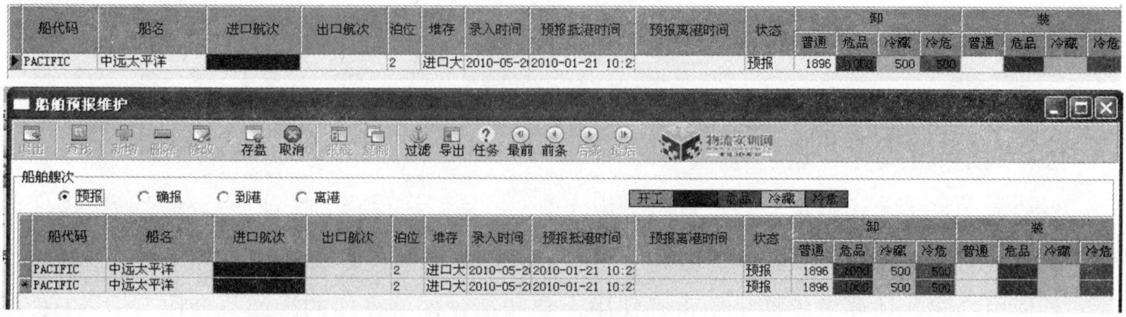

图 2-4-4　复制预报信息

④ 单击刚才复制的信息，弹出如图 2-4-5 所示窗口。

图 2-4-5　船舶预报修改

⑤ 根据任务内容填写抵锚时间、确报抵港时间后，船状态会变成确报，填写完毕后单击 保存 按钮。

⑥ 选择“确报”单选按钮，会显示新增的确报信息（见图 2-4-6）。

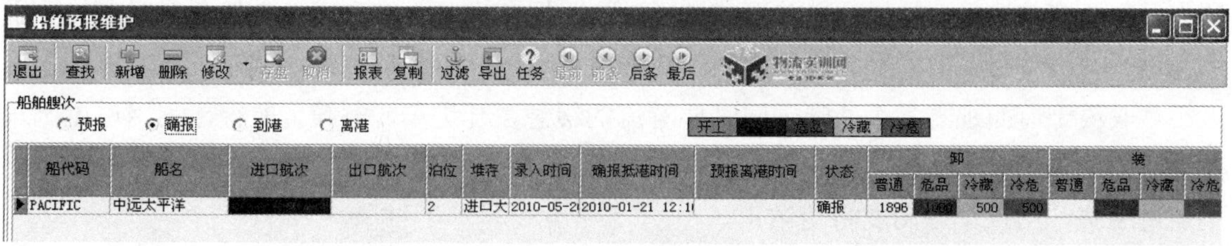

图 2-4-6　显示新增的确报信息

（4）导入 EDI 进口清单。

EDI（Electronic Data Interchange，电子数据交换）是一种以电子方式交换数据的技术。简单来说，EDI 是将业务文件按一个公认的标准从一台计算机传输到另一台计算机的电子传输方法。由于 EDI 在商务活动中大大减少了纸张票据的使用，通常也被称为“无纸贸易”或“无纸交易”。

① 选择“计划部”—“堆场计划员”选项登录，单击实训中心按钮，选择任务“集装箱进口（广州港）”，再单击按钮回到工作岗位。

② 选择实训中心→“业务”→2 EDI进口清单管理选项，单击导入EDI进口报文按钮，在弹出的提示框中单击“是”按钮（见图 2-4-7）。

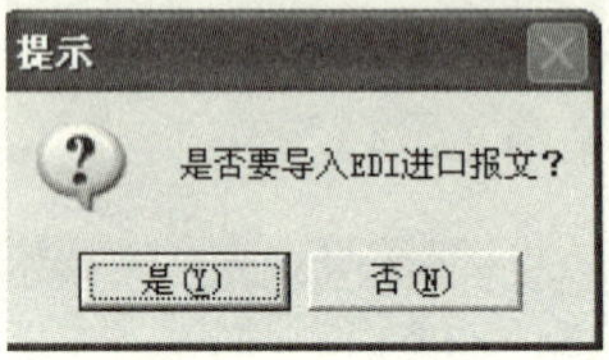

图 2-4-7 提示框

（5）制定离泊靠泊计划。

靠泊前的准备工作很重要，要掌握风流情况，根据泊位风流及本船实际情况制定靠泊计划，掌握本船的操纵性能，靠泊前做到心中有数，包括旋回性、稳向性、应舵性、制动性能等。若使用拖轮，还要考虑拖轮的正确使用，要和拖轮保持良好的沟通与合作，用 VHF 和有关部门、船舶保持联系，了解泊位情况是否准备就绪等。靠泊关键是余速、横距、入泊角度。无风、初落流、无拖轮协靠，一般控制入泊余速 2 节，离岸边 2.5～3 倍船身距离，有一定的入泊角度靠泊，这时唯一的参考物标就是 N 旗（靠泊旗）。无风、初落时、有拖轮，一般带在船首，入靠角度可以小一点，左右舷入靠要考虑到倒车效应。码头有风时，要带好船头。这样做的目的是带缆，这时船的旋回中心离船首约 1/3 船长。

离泊时同样要做好离泊准备。登轮察看码头上系缆、装卸机械是否妨碍操作，还要察看前后泊位档子、前后吃水等，有球鼻首的船舶，还要留意可能与码头接触的部位。上驾驶台后，根据风向、风力、泊位、潮流及拖轮配置情况，确定离泊方案。了解船舶各种情况，和船长沟通离泊操作方案，并和拖轮通报离泊方案，向码头人员交代配合要点。利用绞锚离泊，解去后面所有的缆子、绞锚，松前面的缆子，防止尾部进去太快，到一定的角度时解缆，继续绞锚，离泊。利用倒车坐尾甩头离泊。解去所有缆子只留下后倒缆，倒车甩头，甩的角度大小，取决于前面视野是否清晰，同时要看流的缓急，开进车，解缆，航行。利用甩尾倒车离泊，前面留头缆和倒缆，开车甩尾，角度一般在 30° 以上，停车解缆立即倒车反舵，倒至航道中央，用进车右满舵将船领正。

① 选择“计划部”→“堆场计划员”选项登录，单击实训中心按钮，选择任务“集装箱进口（广州港）”，单击按钮回到工作岗位。

② 选择实训中心→“业务”→3 离泊靠泊计划选项，单击任务按钮，根据任务描述，再单击新增按钮。

③ 输入计划后单击存盘按钮。

（6）船舶到港警报。

① 选择“计划部”→“船舶计划员”选项登录，单击实训中心按钮，选择任务“集装箱进口（广州港）”，再单击按钮回到工作岗位。

② 选择实训中心→“业务”→5 船舶预报维护按钮，单击任务按钮，查看任务内容。

③ 选择警报状态◉确报后，状态栏中会显示船舶确报的信息，单击复制按钮后单击存盘按钮，将复制一条确报信息。

④ 单击复制的信息后弹出如图 2-4-8 所示窗口。

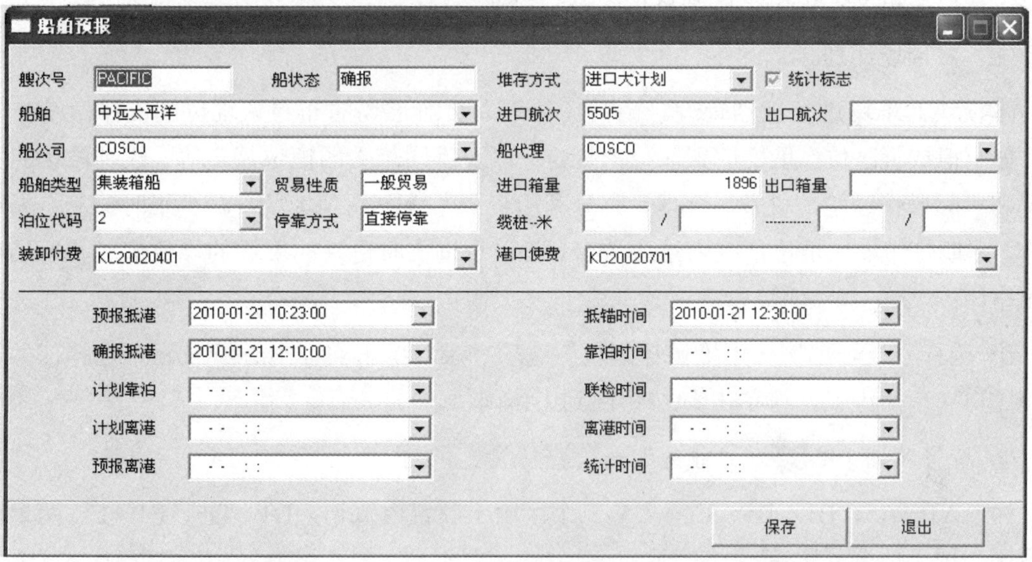

图 2-4-8 船舶预报

⑤ 在“船舶预报”窗口中根据任务内容填写靠泊时间、计划靠泊时间、联检时间、计划离港时间后，船状态会变成到港 船状态 到港，单击保存按钮。

⑥ 选中“到港”单选按钮，显示新增的到港信息（见图 2-4-9）。

船代码	船名	进口航次	出口航次	泊位	堆存	录入时间	到港时间	预报离港时间	状态	卸				装			
										普通	危品	冷藏	冷危	普通	危品	冷藏	冷危
PACIFIC	中远太平洋			2	进口大	2010-05-2	2010-01-21 12:4		到港	1896	1030	500	500				

图 2-4-9 新增的到港信息

（7）舱单确认。

货物到港之后船代会把纸面舱单和电子数据的舱单信息发送到海关（有的口岸是船代在货物未到之前可以发送信息，但海关确认必须是货物到达之后），海关确认舱单信息之后，海关系统中就会有该货物的舱单信息。

① 选择“中控部”→“配载员”选项登录，单击实训中心按钮，选择任务“集装箱进口（广州港）”，单击按钮回到工作岗位。

② 选择实训中心→“业务”→1 进口船图维护选项，单击舱单维护按钮输入船代码，再单击查询按钮，弹出所有提单信息。

③ 核对每张提单的货物、箱量等信息与实际数量是否一致，若不同则单击“修改”按钮，更改后单击“保存”按钮。全部核对后单击退出按钮，退出进口船图维护窗口。

④ 选择进口船代码船代码 PACIFIC，单击查询按钮，再单击船图确认按钮，核对箱的数量等信息无误后单击确认按钮，已确认项将以红色显示。

（8）做堆场计划。

本模块对堆场进行规划管理。由堆场计划人员对堆场的布置、堆位的安排做统一的计划，如空柜放置区位、重柜放置区位的规定，以及不同箱主的柜位规定等。根据堆场的实际情况和实际操作经验，科学、合理、充分利用资源，统一规划堆场，减少平时移箱、捣箱的动作，定期打印堆场堆位情况表给服务台。可以查询实时更新的堆场的堆位情况和堆场实时使用率。

① 选择“计划部”→“堆场计划员”选项登录，单击实训中心按钮，选择任务“集装箱进口（广州港）”，再单击按钮回到工作岗位。

② 选择实训中心→“业务”→5 堆场计划按钮。

注：A1—A5、B1—B5、C1—C5 三个区用于放置内贸箱；D1—D5、E1—E5 两个区是外贸区，用于放置外贸箱。

③ 用鼠标单击 A1—E5 区域，选择准备放置集装箱的位置，再单击进口堆位计划按钮。

④ 选择船名，如船名 中远太平洋，单击刷新按钮，可看到要堆放的集装箱信息。

⑤ 选择集装箱类型，在位置设计区域拖曳鼠标选择位置，再单击确定选择按钮。

⑥ 将全部船舶的集装箱箱位安排好后单击退出按钮，堆场的集装箱堆放示意图也会同步发生变化。

注：可通过实训中心的“舱单维护”选项查看还有多少集装箱需要卸船，制定相应的堆放计划。

（9）分配吊桥及车辆。

将桥吊指定到各个船及船的贝位，即桥吊分配（调度）。桥吊调度有一些约束条件，如桥吊与船的技术参数，桥吊在泊位上的可得性等。由于每个桥吊都有自己的活动距离范围，所以每个泊位上可用的桥吊数量是有限的。桥吊分配需要将一定数量的桥吊分配给一艘船，并确定每个桥吊在货舱和甲板的哪些贝位工作，以决定在这些贝位上工作的先后顺序。最后要完成所有泊位在一段时间内码头停泊所有船舶的桥吊配置计划。桥吊调度的优化没有固定目标，可以是令所有船舶延迟时间的总和最小、单船平均装卸效率最高、桥吊工作平衡、桥吊利用率最经济。在实际工作中，优化目标取决于码头实际情况及码头的经营目标。

① 选择“中控部”→“调度控制员”选项登录，单击实训中心按钮，选择任务“集装箱进口（广州港）”，单击按钮回到工作岗位。

② 选择实训中心→“业务”→1 分配吊桥选项，弹出要进行桥吊作业的集装箱数量及桥吊状态。

③ 选择未分配吊桥选项中的某一个吊桥，> 按钮表示分配所选择吊桥，>>> 按钮表示分配全部吊桥。

④ 选择已分配吊桥后，如☑CQ001，单击车辆队列按钮，弹出分配车辆对话框。

⑤ 单击桥吊号，使桥吊分配情况 CQ001有阴影，选择车牌号后按 >>> 按钮，操作完毕，按退出按钮。

（10）发送指令。

本操作主要是将工作分发给装卸队的成员。

① 选择“中控部”→“调度控制员”选项登录，单击实训中心按钮，选择任务“集装箱进口（广州港）”，再单击按钮回到工作岗位。

② 选择实训中心→“业务”→3 调度控制按钮，弹出如图 2-4-10 所示窗口。

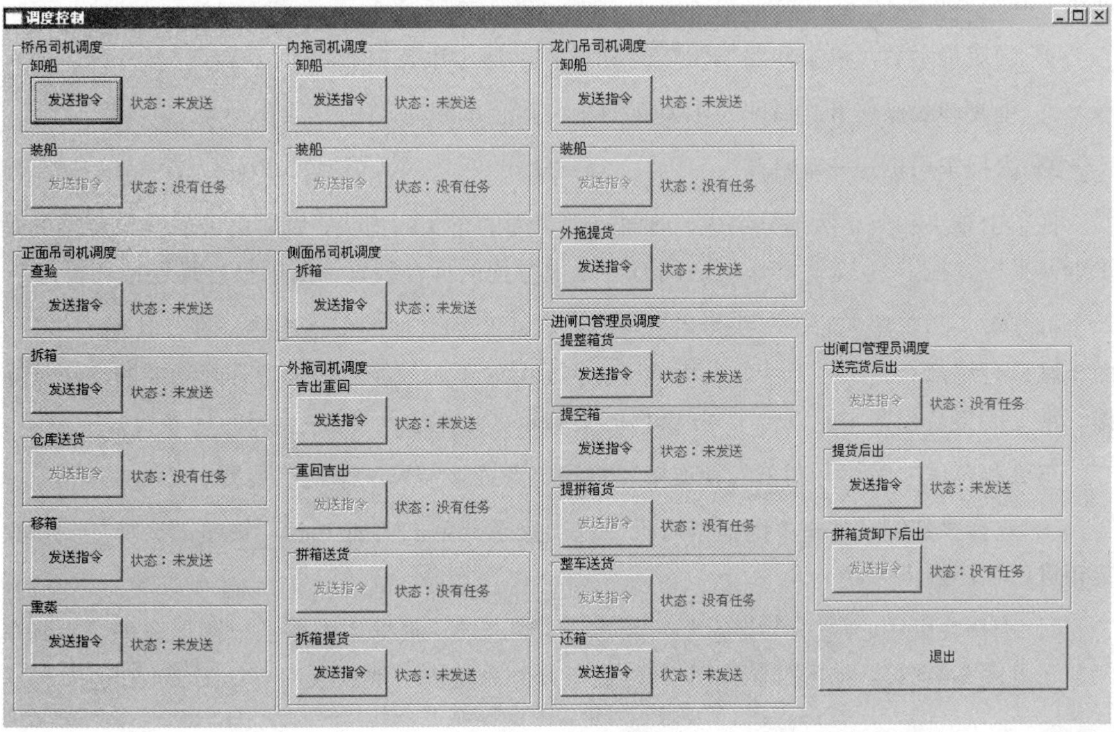

图 2-4-10　调度控制

③ 直接单击要发送的指令按钮即可。

（11）装卸队作业。

1）桥吊司机——卸船。

桥吊（集装箱桥式起重机）是码头上用于将集装箱吊起进行装卸作业的起重机，是码头的心脏。桥吊作业能力决定着一个码头的货物吞吐能力。

① 选择“装卸队”→“桥吊司机”选项登录，单击实训中心按钮，选择任务“集装箱进口（广州港）”。

② 选择实训中心→“业务”→选项，弹出如图 2-4-11 所示提示。

图 2-4-11　桥吊司机卸船

③ 跑至系统提示吊桥，在吊桥门口单击上车按钮，按“S/W”键开动吊桥，系统将提示“开始取货”。

④ 确定提示后，单击卸船按钮，系统自动演示集装箱的卸船流程。

⑤ 重复卸船操作五次后即表示要卸的集装箱全部卸完。

2）内拖车司机——卸船。

拖车由车头和车尾两部分组成，前面有带动力的车头叫拖头，后面用于放置集装箱的是平卡（平板、拖卡），车头和车尾之间有一个很方便的拆合装置，所以很容易连接和拆卸。

拆分车头和车尾之后，车头可以独立行走，可以和其他的车尾连接，进行其他的作业。而车尾只有尾部有轮子，所以车头和车尾被拆分后，车尾只能靠前部带升降功能的支撑杆支撑。常见的集装箱车尾能放一个 40 英尺的集装箱（也能放两个 20 英尺的标准箱）。

车头和车尾之间还有刹车气管连接装置和电源连接装置两个连接装置。

① 选择“装卸队”→“内拖车司机”选项登录，单击实训中心按钮，选择任务“集装箱进口（广州港）”。

② 选择实训中心→“业务”→选项，根据系统提示车辆点取车，走到车辆前（见图 2-4-12），单击按钮上车，把车开到系统提示地点取货（见图 2-4-13）。

图 2-4-12　根据系统提示车辆点取车，走到车辆前

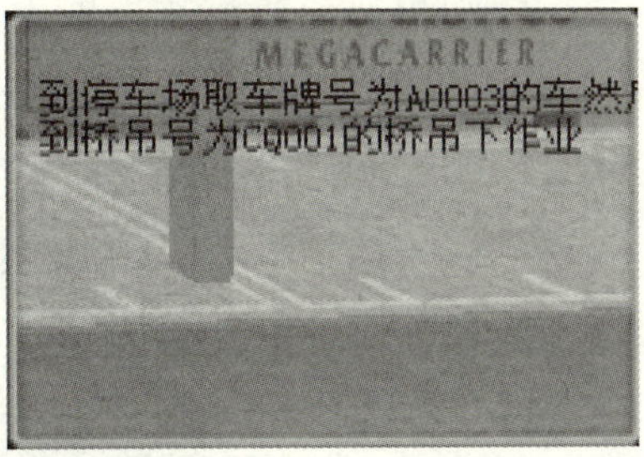

图 2-4-13　把车开到系统提示地点取货

③ 将车开到作业地点后系统会提示“开始取货”，单击“确定”按钮，系统自动用吊桥将集装箱从船上卸下来放在拖车上。

④ 卸箱完毕后根据提示将车开到指定区域的桥吊下，停放在提示作业点，系统将自动提示：确定关闭提示内容后系统将自动完成卸箱任务。

⑤ 卸箱完毕后会提示到桥吊下作业，根据提示重复前面步骤后把剩余的集装箱从船上卸下来放到提示位置（一共需要重复作业五次）。

3）龙门吊司机——卸车、外拖提货。

龙门吊是一种大型起重机，横梁和立柱的结构呈“门”字形，可以在轨道上移动，具有较大的起重量。

目前造船厂、集装箱堆场等起重机分为轨道式集装箱起重机（RMG）和轮胎式集装箱起重机（RTG）两种。龙门吊即轨道式集装箱起重机，具有节能环保、可靠性高、起重能力大、维修保养工作量小、易于实现自动化操作等优点。它最大的缺点是不方便转移位置。

卸车

① 选择“装卸队”→“龙门吊司机”选项登录，单击实训中心按钮，选择任务“集装箱进口（广州港）”。

② 选择实训中心→“业务”选项，并双击“卸车”。

③ 司机跑到系统提示的龙门吊地点单击上车按钮，按“W”键开动，系统将提示“开始作业，请点击‘卸箱’按钮卸车”。

④ 单击卸箱按钮，系统将自动模拟卸箱作业。

⑤ 重复五次操作后提示作业完成。

外拖提货

① 选择“装卸队”→“龙门吊司机”选项登录，单击实训中心按钮，选择任务“集装箱进口（广州港）”。

② 选择实训中心→“业务”按钮，并双击 1 外拖提货 按钮，弹出提示。

③ 司机到系统提示区的龙门吊旁边，单击按钮上车，按“S”键启动龙门吊，系统提示“开始外拖提货”（见图 2-4-14）。

图 2-4-14 系统提示

④ 确认提示后，单击按钮装箱，系统自动执行装箱任务。

⑤ 重复执行五次装箱操作后，系统提示“作业完成”。

4）正面吊司机作业——查验、拆箱。

正面吊是用来装卸集装箱的一种吊车，属于起重设备的一种。具体的用处：将集卡上面的集装箱卸下来；将集装箱在集装箱堆场堆高；抓取集装箱，将其移动到需要放置的地方；将集装箱从堆场装上车。

查验

① 选择“装卸队”→“正面吊司机”选项登录，单击实训中心按钮，选择任务“集装箱进口（广州港）”。

② 选择实训中心→“业务”→ 1 查验 选项。

③ 司机跑到正面吊前，单击上车按钮，根据系统提示把车开到指定区停放点取箱。

④ 具体路线可查看地图，确定提示“将货送到海关查验区”，根据地图提示把车开进查验区，系统将自动完成查验工作。

⑤ 确定提示“查验完成，将箱送回内贸重箱区 A01 区”后，把车开回内贸重箱区 A01 区，把车停放到龙门吊下作业点后提示此次任务完成。

拆箱

① 选择“装卸队”→“正面吊司机”选项登录，单击实训中心按钮，选择任务“集装箱进口（广州港）”。

② 选择实训中心→“业务”选项，双击 1 拆箱 按钮。

③ 根据系统提示走到正面吊旁边，单击按钮，把车开到系统提示区的作业点，系统提示“在此取货”，确定提示后系统自动执行取箱动作。

④ 单击按钮，参考地图提示把车开到仓库及货柜装货区后，将车停放在黄色标志卸货作业点，确定提示内容后将自动播放拆箱卸货动画。

⑤ 动画播放完毕后提示单击按钮，参考提示地图把车开到空箱区后，将车停在黄色标志的吉柜作业点，确定放箱提示后系统将自动卸箱。

5）侧面吊司机作业——卸拼箱货。

① 选择“装卸队”→“侧面吊司机”选项登录，单击实训中心按钮，选择任务“集装箱进口（广州港）”。

② 选择实训中心→“业务”→ 1 拼箱 选项。

③ 司机跑到侧面吊前，单击上车按钮，根据系统提示把车开到空箱区，停在“侧面吊位作业点”取箱。

④ 具体路线可查看地图。确定提示后把车开到仓库，停放在作业点装货，提示“正在卸箱”，此次任务完成。

（12）船舶离港警报。

出港船舶应于离港前 24 小时提供预报，12 小时前提供确报。

① 选择“计划部”→“船舶计划员”选项登录，单击实训中心按钮，选择任务“集装箱进口（广州港）”，单击按钮回到工作岗位。

② 选择实训中心→“业务”→ 5 船舶预报维护 选项，单击 任务 按钮，查看任务内容。

③ 选择警报状态 到港 后，状态栏中会显示船舶确报的信息，单击 复制 按钮后再单击 存盘 按钮，复制一条确报信息（见图 2-4-15）。

船代码	船名	进口航次	出口航次	泊位	堆存	录入时间	到港时间	预报离港时间	状态	卸				装			
										普通	危品	冷藏	冷危	普通	危品	冷藏	冷危
PACIFIC	中远太平洋			2	进口大	2010-05-2	2010-01-21 12:4		到港	1896	1000	500	500				

图 2-4-15 复制确报信息

④ 单击复制的信息，弹出如图 2-4-16 所示窗口。

⑤ 根据任务内容填写离港时间、预报离港时间后，船状态会变成 船状态 离港 ，单击 保存 按钮。

⑥ 单击 离港 按钮，会显示刚才新增的离港信息。

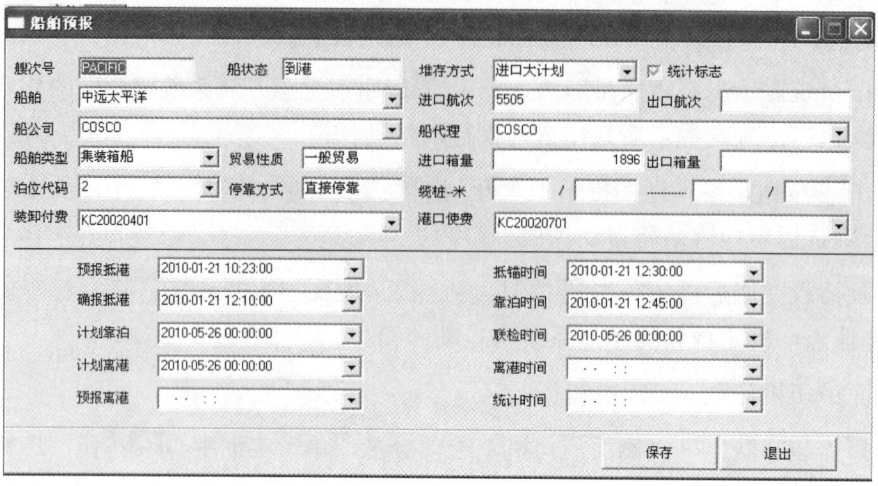

图 2-4-16　船舶预报

（13）进口集装箱办理（整箱货）。

集装箱码头是要收费的，交了费之后才允许放行。

① 选择“箱管部”→“箱管员”选项登录，单击实训中心按钮，选择任务“集装箱进口（广州港）”，再单击按钮回到工作岗位。

② 选择实训中心→“业务”→ 2 进口集装箱办理 选项。

③ 单击新增按钮，填写好信息后单击存盘按钮。

（14）进口集装箱办理（散货）。

① 选择“箱管部”→“箱管员”选项登录，单击实训中心按钮，选择任务“集装箱进口（广州港）”，单击按钮回到工作岗位。

② 选择实训中心→“业务”→ 5 进口拆箱作业 选项，弹出进口拆箱作业窗口，单击刷新按钮后再单击新增按钮，填写拆箱货物信息后单击存盘按钮。

③ 选择实训中心→“业务”→ 3 进口散货交接单 按钮，弹出进口散货交接单窗口，单击刷新按钮后再单击新增按钮，填写拆箱货物信息后单击存盘按钮。

（15）进闸员车辆进登记——提整箱货、提拼箱货、还箱。

① 选择“装卸队”→“进闸口”选项登录，单击实训中心按钮，选择任务“集装箱进口（广州港）”。

② 选择实训中心→“业务”→ 1 提整箱货 选项。

③ 确定提示后，选择→ 2 车辆管理 → 1 车辆进出登记 选项，弹出车辆进出登记表。

④ 单击任务按钮，再单击新增按钮，填写车辆信息后单击存盘按钮，关闭“车辆进出登记”窗口后单击桌面打印机。

⑤ 单击实训中心按钮，选择任务“集装箱进口（广州港）”。

⑥ 选择实训中心→“业务”→1 提空箱选项。

⑦ 确定提示后，选择→2 车辆管理→1 车辆进出登记选项，弹出车辆进出登记表。

⑧ 单击任务按钮，再单击新增按钮，填写车辆信息后单击存盘按钮，关闭“车辆进出登记”窗口后单击桌面打印机。

⑨ 单击实训中心按钮，选择任务“集装箱进口（广州港）”。

⑩ 选择实训中心→“业务”→1 还箱选项，确定提示后，选择→2 车辆管理→1 车辆进出登记选项，弹出车辆进出登记表。

⑪ 单击任务按钮，再单击新增按钮，填写车辆信息后单击存盘按钮，关闭“车辆进出登记”窗口。

（16）外拖车司机——重出吉回、提拆箱货。

① 选择“装卸队”→“外拖车司机”选项登录，单击实训中心按钮，选择任务“集装箱进口（广州港）”。

② 选择实训中心——“业务”选项，双击1 重出吉回，弹出提示，司机走到车旁边，单击按钮上车。车经过码头入口关卡时弹出提示。

③ 确定提示后弹出“设备交接单”窗口，单击新增按钮，填写好设备交接单后单击存盘按钮。

④ 关闭“设备交接单”窗口，弹出提示。

⑤ 关闭“打印小票”窗口后，开车到系统提示地点取重箱。把车停到系统提示区龙门吊旁边的停车作业点，停好车后弹出提示，确定提示后系统将自动完成提重箱动画，动画播放完毕后弹出提示。

⑥ 确定提示后参考地图，经码头出口关卡出，把车开回工厂卸货。

⑦ 到达工厂仓库后，把车停到指定停车位（地面黄色标识：装卸车位），系统将自动播放卸重箱动画， 卸货动画播放。

⑧ 经码头入口关卡把空箱送到空箱区，把车停到空箱区地面标识的停车位（地面黄色标识：吉柜作业点），系统将自动卸空箱。弹出提示后，把车开回停车场。

⑨ 若接着上面的任务做，需切换其他角色后再以外拖车司机的角色登录“外拖车司机”，单击实训中心按钮，选择任务“集装箱进口（广州港）”。

⑩ 选择实训中心按钮，再选择“业务”选项，双击1 拆箱提货，弹出提示。参考地图，经过码头入口关卡，弹出提示，确定提示后弹出提货单，单击新增按钮，根据任务内容填写提货单后单击存盘按钮，退出“提货单”窗口后出现系统提示，确定后弹出。

开车到系统提示地点（仓库及货柜装货区），单击仓管员（出货）后播放装拆箱货动画，把车经码头出口关卡开到工厂装卸车位，单击仓管员（收货）后播放卸货动画。

（17）出闸员车辆出登记——提货后出。

① 选择“装卸队”→“出闸口”选项登录，单击实训中心按钮，选择任务“集装箱进口（广州港）”。

② 选择实训中心→“业务”→“1 提货后出”选项。

③ 选择“2 车辆管理”——“1 车辆进出登记”按钮，弹出车辆进出登记表。

④ 单击“任务”按钮，再单击“新增”按钮，填写车辆信息后单击“存盘”按钮，再单击桌面打印机系统弹出小票，任务完成。

4.3 项目评价

评分项目		设计合理（30 分）	画图规范（30 分）	思路清晰（20 分）	书写工整（20 分）	总分
得分						
项目完成组			项目名称		完成时间	
项目完成情况		是否完成 是□ 否□	资料是否齐全 是□ 否□	人员参与度 高□ 低□	有无差错 有□无□	完成质量 高□一般□
项目主要问题分析	问题					
	原因					
	正确做法					

4.4 项目考核

被考核组名称		考核项目名称				
考核内容	部门协作情况（20 分）	单证填写清晰，无涂改（20 分）	单证填写正确，无错误（20 分）		单证填写完整，无遗漏项目（20 分）	完成业务流程情况（20 分）
考核评价（100 分）						
小组总评						
被考核个人姓名		扮演角色				
考核内容	个人评价	小组评价	教师评价	工作难度	作业质量	个人表现
考核评价（100 分）						
个人总评						
综合评价得分		综合评价得分=（小组总评+个人总评）/2				

模块三

仓储作业实训

模块基本目标

知识目标
• 6S 管理的内容和 6S 管理活动的推介方法。 • 容器类、货架类、分拣机、输送机类设备。 • 条形码制作，识别与输出设备。 • 各种小型手动搬运设备与操作要求，各种运输车辆。 • 商品入库验收的步骤，若验收过程中货物与实际情况不符的处理方法。 • 托盘及托盘成组方法，卸与搬运作业流程，叉车操作。 • 入库商品理货操作及理货操作流程，货架与货位知识，堆垛操作。 • 仓库盘点，成本核算与分析，WMS 成本核算与分析功能。
职业技能目标
• 能够运用仓储管理的知识做好仓储作业工作，培养团队协作精神，提升职业道德素质。 • 熟练操作条码制作与识别设备的能力。 • 手动搬运设备及各种非机动车辆的操作能力，机动车辆的识别能力。 • 熟练进行仓储信息管理系统基础资料的输入、维护操作的能力。 • 入库商品的验收与处理能力。 • 托盘识别与使用堆垛、托盘装卸与搬运操作、托盘货物堆垛能力。 • 入库商品理货操作，根据商品的特征选择货架和货位的能力。 • 仓库商品盘点作业能力及仓库成本核算与分析能力。 • 商品包装操作、手工打包机械操作、半自动打包机打包操作能力。
职业素质养成目标
• 培养学生负责任的工作态度，细致认真的工作作风。 • 培养学生独立思考，勇于表达自己见解的习惯。 • 培养正确的学习目的和学习态度，形成良好的团队合作意识。 • 具备从事仓储管理职业的基本道德，遵守行业法律、法规。 • 具备仓储设备使用操作和商品保管的安全意识。 • 具备与客户和其他工作人员进行良好沟通、合作的意识。

模块实训项目

项目分解	项目名称	主要内容	建议学时
项目一	仓储作业流程及相关设施设备的认知实训	熟悉仓库环境、仓库的6S管理、仓库作业流程、设施设备等	5～8学时
项目二	入库准备与收货检验作业	入库作业流程、入库准备的内容、验收物品、合理选择数量检验方式等	5～8学时
项目三	货位编码	货物的储位安排、货位编码的规则和方法等	2～3学时
项目四	堆码、苫垫	在库作业流程、托盘规格的准确识别、堆码方式、苫垫方式等	2～3学时
项目五	盘点	盘点作业的步骤、盘点前的准备工作、盈亏差异分析等	5～10学时
项目六	打包作业	手动打包机打包、自动打包机打包等	5～8学时
项目七	拣选作业	出库作业流程、拣选方式、拣选工具等	5～8学时

项目一

仓储作业流程及相关设施设备的认知实训

1.1 项目准备

1. 项目目标

（1）熟悉仓库环境。

（2）熟悉并掌握仓库的 6S 管理。

（3）了解并掌握仓库作业流程。

（4）认识仓库作业中能用到的设施设备。

2. 项目内容

（1）仓库环境是什么样的。

（2）仓库 6S 管理的具体内容。

（3）模拟仓库环境，分角色区分概念，详细掌握并能画出仓库作业流程图。

（4）实训室中仓库作业的相关设施设备。

3. 项目环境

（1）笔、纸、电脑等办公用具。

（2）自动立体仓库。

（3）贯通式货架（人工）仓库。

（4）中型单元货架仓库。

（5）重型单元货架仓库。

（6）SID 平置仓库。

（7）RFID。

（8）电子标签。

（9）手动式叉车、条码机、打包机。

1.2 项目实施

1．项目组织

项目分组进行，每小组可以由 5～6 人或 7～8 人组成，每组设组长一名，所有项目内容在指导教师的指导下由组长领导组员实施。

2．情景描述

在仓储实训室里，首先熟悉仓库环境，再根据教师的指导学习仓库的 6S 管理，以使学生形成良好的仓库内操作习惯，最后分组、分角色对教师讲解的知识进行模拟实训。

3．项目流程

（1）熟悉仓库环境。

先让学生简单熟悉实训室的模拟环境，如门禁、货架、手动式叉车、自动立体仓库、打包机、手持、条码机等设备。

（2）教师指导学生学习仓库的 6S 管理，以使学生形成良好的仓库内操作习惯。

① 整理：改善和增加作业面积；现场无杂物，行道通畅，提高工作效率；减少磕碰的机会，保障安全，提高质量；消除管理上的混放、混料等差错事故；减少库存量，节约资金；改变作风，提高工作情绪。

② 整顿：物品摆放要有固定的地点和区域，以便于寻找，消除因混放造成的差错；物品摆放地点要科学合理；物品摆放目视化，使定量装载的物品做到过目知数，摆放不同物品的区域采用不同的色彩和标记加以区别。

③ 清扫：自己使用的物品，如设备、工具等，要自己清扫，不依赖他人，不增加专门的清扫工；对设备的清扫，着眼于对设备的维护保养。清扫设备要同设备的点检结合起来，

清扫即点检；清扫设备要同时做设备的润滑工作，清扫也是保养；清扫也是为了改善。发现清扫地面有飞屑和油水泄漏时，要查明原因，并采取措施加以改进。

④ 清洁：车间环境不仅要整齐，而且要做到清洁卫生，保证工人身体健康，提高工人劳动热情；不仅物品要清洁，而且工人本身也要做到清洁，如工作服要清洁，仪表要整洁，及时理发、刮须、修指甲、洗澡等；工人不仅要做到形体上的清洁，而且要做到精神上的“清洁”，待人要讲礼貌、要尊重别人；要使环境不受污染，进一步消除浑浊的空气、粉尘、噪声和污染源，消灭职业病。

⑤ 素养：努力提高工作人员的修养，养成严格遵守规章制度的习惯和作风，这是“6S”活动的核心。

⑥ 安全：强化学生的安全意识，注重职业卫生安全，全生参与，重视预防，降低劳动强度，改善工作环境，制定严格的操作规程，完善各种安全制度。

（3）分组、分职位。

实训班级按照 5～6 人一组分成 9～10 组，首先组织全部学生竞选小组组长，每位学生可以自由参选小组组长。选出组长后，各组讨论分配其他组员各扮演的角色，讨论结束后各组填写职位分配表（见表 3-1-1）。

表 3-1-1　各组角色分配情况

组长 组员	班级		组号		组长		模拟阶段		组长职务	
组员姓名										
职位										
负责任务										

（4）各小组模拟分析区别“库存”、“储备”、“储存”及“保管”的状态。

教师讲解完“库存”、“储备”、“储存”及“保管”的概念之后，各组模拟设置每种概念的环境，并模拟讲解，其他小组评价打分（见表 3-1-2）。

表 3-1-2　各组模拟讲解评价情况

发言组号	发言组员	职　　务	评价结果打分	
			1．小组成员及角色介绍（20 分）	
			2．环境背景模拟状况描述（20 分）	
			3．4 种概念讲解（20 分）	
			4．4 种概念的区分力度（20 分）	
			5．总结（20 分）	
			本组总分	

（5）绘制仓储流程图。

各组讨论所承担阶段的主要任务及环节，并自行绘制仓储作业流程图及本阶段的流程图（见图 3-1-1）。

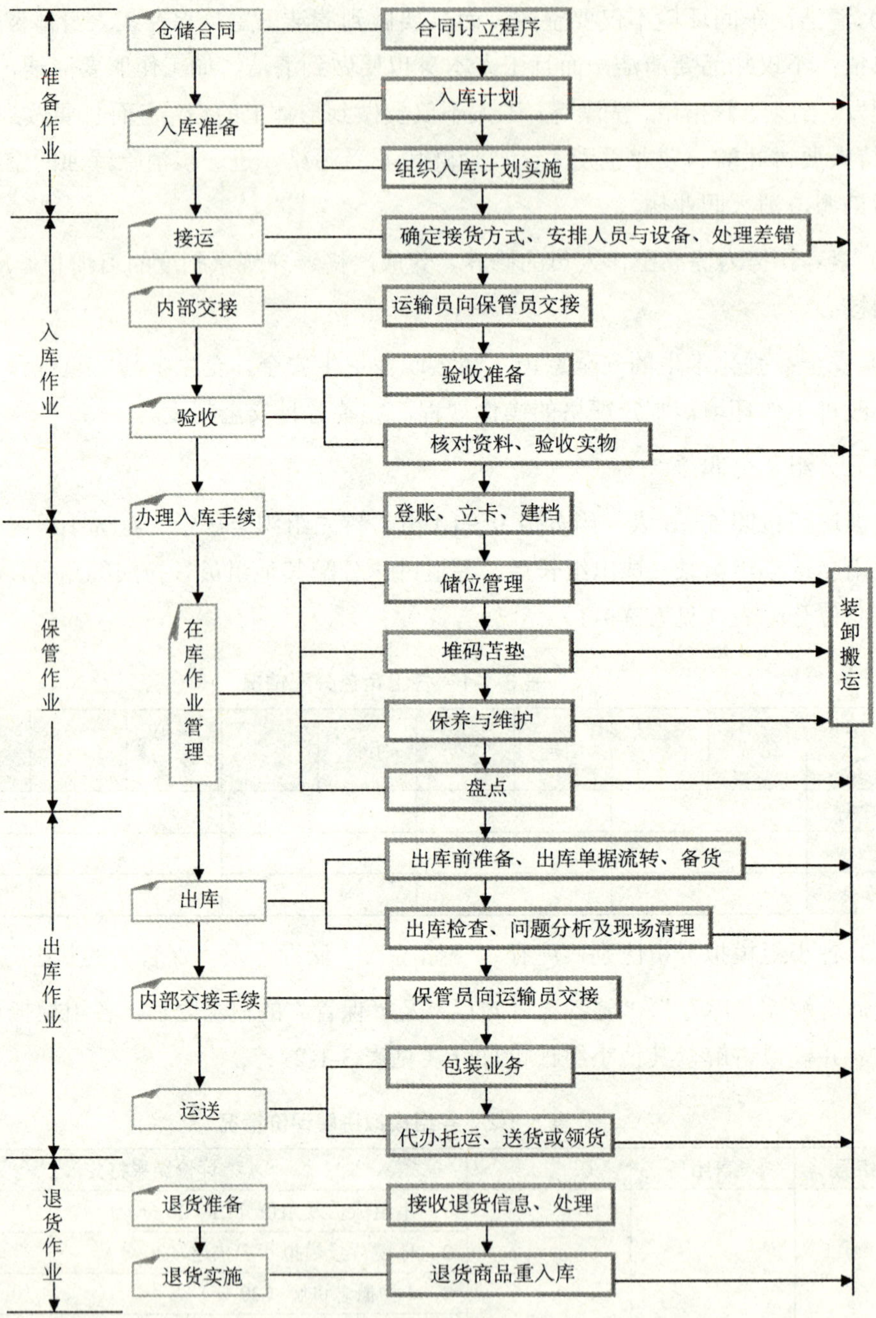

图 3-1-1 仓库作业流程图

（6）教师带领学生参观实验室中仓储作业的相关设施设备，如手动式液压叉车、条码机、打包机、重型单元货架、中型单元货架、贯通式货架、自动化立体仓库、RFID、电子标签（见图 3-1-2～图 3-1-10）。

图 3-1-2 手动式液压叉车

图 3-1-3　条码机

图 3-1-4　打包机

图 3-1-5　重型单元货架

图 3-1-6　中型单元货架

图 3-1-7　贯通式货架

图 3-1-8　自动化立体仓库

图 3-1-9　RFID

图 3-1-10　电子标签

（7）熟悉并掌握仓储作业流程（见图 3-1-1）。

1.3　项目评价

项目完成组		项目名称		完成时间	
项目完成情况	是否完成	资料是否齐全	人员参与度	有无差错	完成质量
	是□否□	是□　否□	高□低□	有□无□	高□一般□
项目主要问题分析	问题	6S 管理内容	4 种概念的区分	绘制仓库作业流程图	
	原因				
	正确做法				

1.4　项目考核

被考核组名称		考核项目名称				
考核内容	组织、流程设计	人员分配	盘点作业质量	人员协作		
考核评价（100 分）						
小组总评						
被考核个人姓名		岗位		所属部门		
考核内容	个人评价	小组评价	教师评价	工作难度	作业质量	个人表现
考核评价（100 分）						
个人总评						
综合评价得分		综合评价得分=（小组总评+个人总评）/2				

项目二

入库准备与收货检验作业

2.1 项目准备

1．项目目标

（1）熟悉入库作业流程。

（2）了解入库准备的内容。

（3）全面了解验收物品的性能、特点。

（4）进行简单质量检验。

（5）合理选择数量检验方式。

2．项目内容

入库作业流程、入库准备、验收物品的性能和特点。

3．项目环境

（1）装卸工具、搬运工具（叉车、手推车）。

（2）集装容器（托盘、料盒）。

（3）检验工具（计算器）。

（4）物品（日化用品）。

（5）相关检验单据、报表。

（6）RFID 入库检验系统。

（7）中型货架、重型货架。

2.2 项目实施

1. 项目组织

项目分组进行，每小组可以由 5～6 人或 7～8 人组成，每组设组长一名，所有项目内容在指导教师的指导下由组长领导组员实施。

2. 情景描述

首先由教师讲解入库作业流程，再由教师讲解收货检验作业的基本方式及操作流程，最后由学生组织模拟完成任务。

3. 项目流程

（1）由教师讲解入库作业流程（见图 3-2-1），并指导学生完成实训室内“入库准备”的任务。将重型货架与中型货架上空置的货位统计出来，并做清理和储位准备工作。

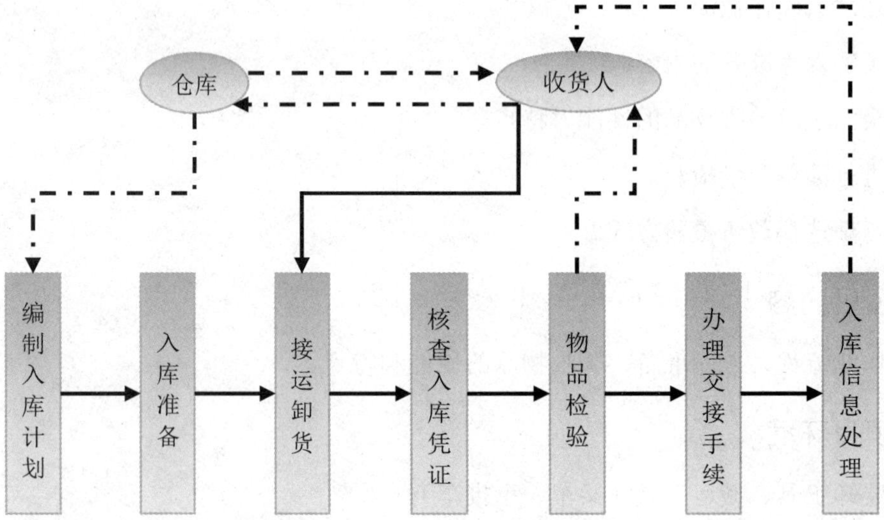

图 3-2-1　入库作业流程

（2）由教师讲解收货检验作业的基本方式。

① 数量检验。

数量检验是保证物资数量准确不可缺少的措施。要求物资入库时一次进行完毕。一般在质量验收之前，由仓库保管职能机构组织进行。按商品性质和包装情况，数量检验分为计件、检斤、检尺求积三种形式。

② 质量检验。

质量检验包括外观检验、尺寸检验、机械物理性能检验和化学成分检验四种形式。仓库一般只做外观检验和尺寸检验。如果有必要，后两种检验由仓库技术管理职能机构取样，委托专门的检验机构检验。

③ 包装检验。

物资包装的好坏、干潮直接关系物资的安全储存和运输。所以对物资的包装要进行严格验收，凡是产品合同对包装有具体规定的要严格按规定验收，如箱板的厚度、打包铁腰的层数，纸箱的质量等。包装的干潮程度一般用眼看、手摸的方法进行检查验收。

（3）由教师演示叉车与手推车的使用方法。手动式液压叉车的使用步骤如下。

① 打压。

将控制手柄打到下位，按下方向柄，即可对手动液压叉车进行打压，所叉货物重量严禁超过手动液压叉车所限重量。

② 拉货。

打压使货物离地后，将控制手柄打到中位，即可拖动货物，在拉货时不可奔跑，需缓行。

③ 卸压。

将货物拉到目的地后，将控制手柄打到上位，对手动液压叉车进行卸压，直到货物着地。

④ 空车运行。

空车运行时，应将手动液压叉车适当升起，以免前轮支撑架与地面接触，造成地面磨损。

学生自己动手，利用手动液压叉车和手推车将中型货架上的日化物品搬运到安全理货区后，教师讲解验货内容。

（4）教师对实训室中的物品质量，进行验货演示。可能出现以下现象。

① 清点物品数量后，数量不符。

② 人为的撬起、挖洞、开缝，通常是被盗的痕迹。

③ 污染、黏湿是雨淋、渗透或商品本身出现潮解、渗透的表现。

④ 污染是由于装配不当，引起商品间互相玷污、染毒或商品本身腐败所致。

⑤ 由于包装、结构性能不良或在装卸搬运过程中乱摔乱扔、摇晃碰撞而造成包装破损。

（5）教师演示验货过程的同时，展示“检验报告”的填写方法（见表 3-2-1）。

表 3-2-1　检验报告

供货商			订单号			验收员		
运单号						验收日期		
运货日期			到货日期			复核员（日期）		
序　号	储位号	物品名称	规格型号	物品编号	包装单位	应收数量	实收数量	备　注

（6）学生自行分组并填写表 3-1-1。小组长担任检验主管员，组织组员完成实训室物品检验及检验报告（见表 3-2-1）的填写。

（7）检验作业结束后，教师讲解如何处理检验中发现的问题。

① 数量不符。收货人在凭证上详细做好记录，按实际数量签收，并及时通知送货人和发货方。

② 质量问题。会同承运方清查点验，明确责任，并由承运方编制商务记录或出具证明书，作为索赔依据。

③ 包装问题。包装有水渍、沾污、损坏等情况时，应进一步检查内部细数和质量，并做好记录，单独堆放，以便处理。

按照以上原则，分析并填写问题物品处理记录单（见表 3-2-2）。

表 3-2-2　问题物品处理记录单

常见问题处理	数量溢余	数量短少	品质不合格	包装不合格	规格品类不符	单证与实物不符
通知供货方						
按实数验收						
维修整理						
查询，等候处理						
改单签收						
拒绝收货						
退单退货						

（8）根据（7）的内容，各小组组织讨论研究并填写问题物品处理记录单（见表 3-2-2），各小组学生独立完成教师设定的收货验收任务。若教师在练习的过程中发现问题，应及时指出并指导。

2.3 项目评价

项目完成组			项目名称		完成时间	
项目完成情况		是否完成	资料是否齐全	人员参与度	有无差错	完成质量
		是□否□	是□ 否□	高□低□	有□无□	高□一般□
项目主要问题分析	问题	验收核对资料		数量检验、质量检验		包装检验、不良物品处理
	原因					
	正确做法					

2.4 项目考核

被考核组名称			考核项目名称			
考核内容	组织、流程设计		人员分配	盘点作业质量		人员协作
考核评价（100 分）						
小组总评						
被考核个人姓名		岗位		所属部门		
考核内容	个人评价	小组评价	教师评价	工作难度	作业质量	个人表现
考核评价（100 分）						
个人总评						
综合评价得分		综合评价得分=（小组总评+个人总评）/2				

项目三

货位编码

3.1 项目准备

1. 项目目标

（1）理解货物储位安排的基本知识。

（2）掌握货位编码的规则、方法。

（3）熟练操作货位的编码。

2. 项目内容

货物的储位安排、货位编码的规则、货位编码的方法。

3. 项目环境

（1）场地、货架、托盘。

（2）纸、笔。

（3）作业任务单。

3.2 项目实施

1. 项目组织

项目分组进行，每小组可以由5～6人或7～8人组成，每组设组长一名，所有项目内容在指导教师的指导下由组长领导组员实施。

2．情景描述

首先教师讲解商品货位编号管理方法，再根据货位编号的要求进行货场和货架的编码，最后根据教师讲解和演示的操作进行分组模拟。

3．项目流程

（1）教师讲解商品货位编号管理方法。

在分区、分类和划分好货位的基础上，将仓库的库房、货场、货棚及货架等存放商品的场所（对象），划分为若干货位，然后按储存地点和位置排列，统一标记，编列货位的顺序号码，并做出明显标志，以方便仓库作业的管理方法。

（2）货位编号要求。

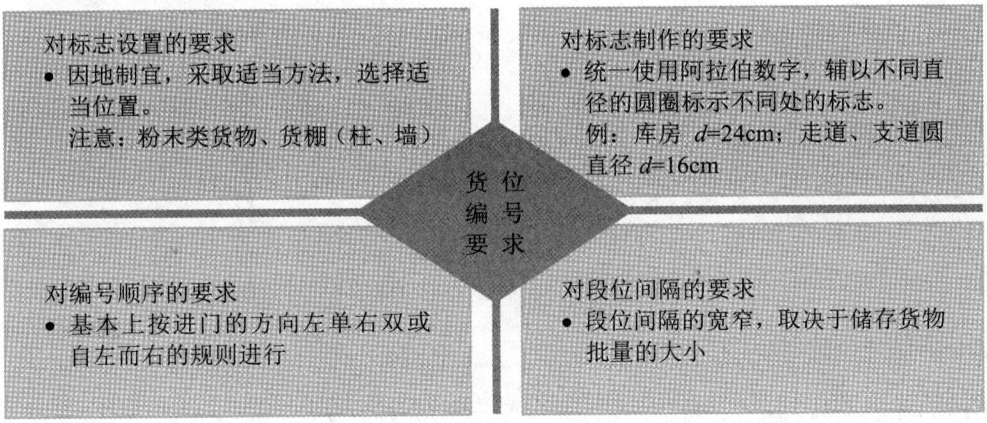

（3）教师讲解并举例说明货位编号的方法。

1）库房编号

① 库房、货棚、货场齐备的仓库，编号时应对库、棚、场加以区别，可加注“棚”或“场”等字样，无加注即库房编号。

② 对多层库房编号，可采用“三号定位法”或“四号定位法”。

③ 为防止库、棚、场在有相同编号时造成错觉，可在首数字后加字母 K、P、C 区别。例如，“13P-15-2-28”即 13 号货棚、15 号货架、第 2 层、第 28 号货位。

④ 货位号要记入保管账、卡的“货位号”栏中，如果商品调整了货位，账、卡、号的货位号应同时调整。

2）三号定位法

“三号定位法”就是一个货位用一个三位数表示，个位数字表示仓间编号，十位数字表示楼层编号，百位数字表示仓库编号。

例：

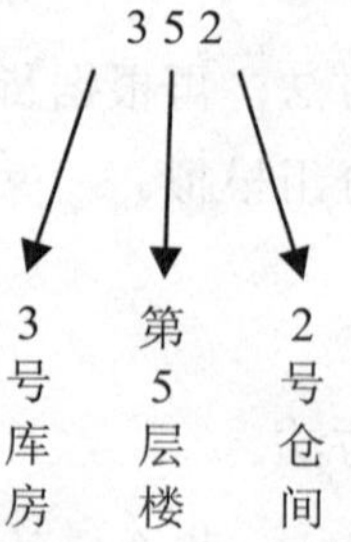

3）四号定位法

“四号定位法”即将库房或货场编号、货区或货架位置、货区排次或货架层次编号、商品具体位置或顺序编号，组成一组数字表示货位号。

例：

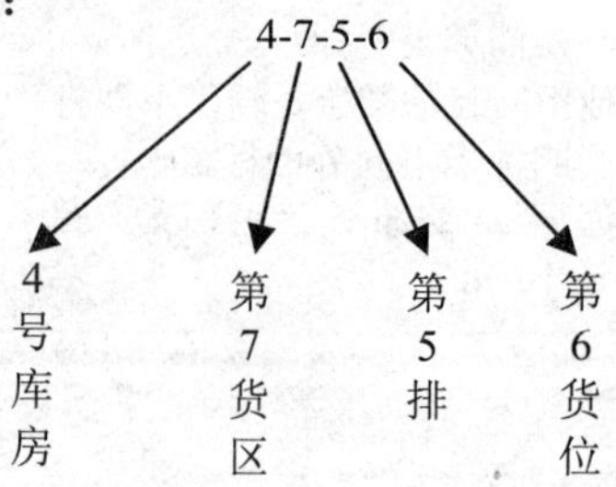

或：

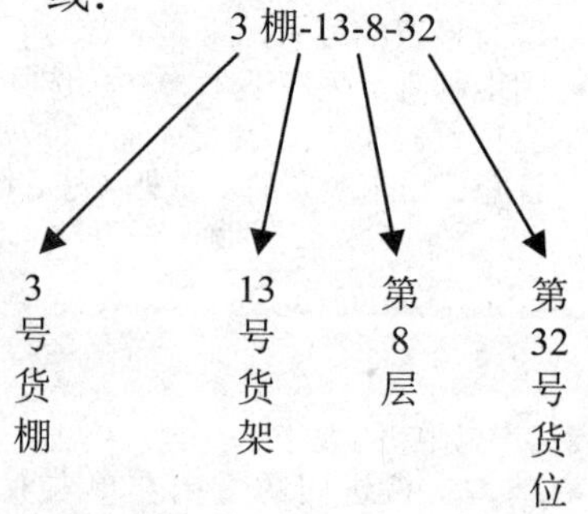

（4）货场货位编号。

①按照货位的排列，先编排号，再在排号内按顺序编号。

②不编排号，采取自左至右和自前至后的方法，按顺序编号。

例：

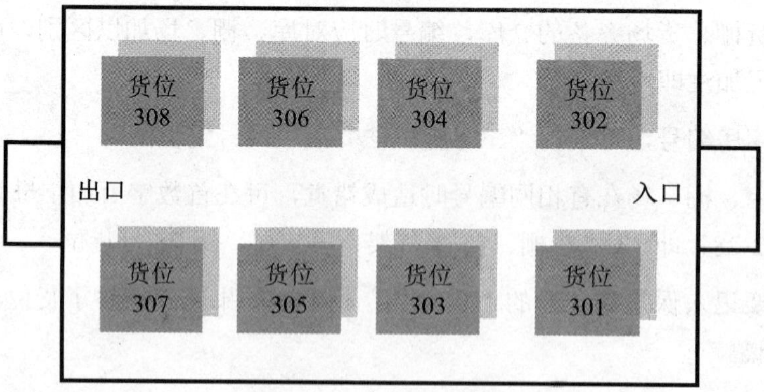

（5）货架货位编号。

1）以排为单位的货架货位编号

将库房内所有的货架，自进入库门的方向开始，自前到后编号，再对每排货架的夹层或格眼，在排的范围内按照自上而下、自左到右的顺序编号。

2）以品种为单位的货架货位编号

将库房内的货架，以货物品种划分储存区域，再以品种占用储存区域的大小分区编号，然后进行格眼编号。

3）以货物编号代替货架货位编号

本方法适合进出频繁的零星货物，可避免两套编号的麻烦，在编号时要掌握货架格眼的大小、多少，以便与存放货物的数量、体积大小相适应。

例：某类货物编号为10101—10109号，储存货架的一个格眼可放10个编号的货物，则在货架格眼的木档上制作10101—10109的编号，以此类推。

（6）学生分组，选出小组长，并将相关任务及信息填写在表3-1-1中。

（7）由各小组组织，根据现场条件（注：实训室货架编码参考表见表3-3-1）对现有货位进行编码，并画出相关布局图。

表3-3-1　实训室货架编码

货架种类	编　码	
全自动立体仓库	A区：A10102	B区：B10105
贯通式货架（人工）仓库	GT0201	
中型单元货架仓库	ZX0103	
重型单元货架仓库	TP0102	

（8）各小组抽取作业单，并独立完成在库商品的货架识别任务。教师在练习的过程中发现问题，及时指出并指导。

作业单1

作业场地：重型货架
货位：货物存放区
质量要求：快速、准确回答
作业内容：指出作业单标记的存货区

作业人员签名：
作业日期：

作业单 **2**

作业场地：中型货架

货位：中型货架第 **1** 层左数第 **2** 个位置的货位编号

质量要求：快速、准确回答

作业内容：指出指定货位的货位编码，并解释各编码的意思

作业人员签名：

作业日期：

作业单 **3**

作业场地：全自动立体仓库

货位：**A10102**

质量要求：快速、准确回答

作业内容：指出指定货位的位置，并解释各编码的意思

作业人员签名：

作业日期：

3.3 项目评价

<table>
<tr><td colspan="2">项目完成组</td><td></td><td>项目名称</td><td colspan="2"></td><td>完成时间</td><td></td></tr>
<tr><td colspan="2" rowspan="2">项目完成情况</td><td>是否完成</td><td>资料是否齐全</td><td colspan="2">人员参与度</td><td>有无差错</td><td>完成质量</td></tr>
<tr><td>是□否□</td><td>是□ 否□</td><td colspan="2">高□低□</td><td>有□无□</td><td>高□一般□</td></tr>
<tr><td rowspan="3">项目主要问题分析</td><td>问题</td><td>作业区名称</td><td colspan="2">货位的货位号及号码含义</td><td colspan="3">货架名称、结构特点、物品存放</td></tr>
<tr><td>原因</td><td></td><td colspan="2"></td><td colspan="3"></td></tr>
<tr><td>正确做法</td><td></td><td colspan="2"></td><td colspan="3"></td></tr>
</table>

3.4　项目考核

被考核组名称		考核项目名称				
考核内容	组织、流程设计	人员分配	盘点作业质量	人员协作		
考核评价（100 分）						
小组总评						
被考核个人姓名		岗位		所属部门		
考核内容	个人评价	小组评价	教师评价	工作难度	作业质量	个人表现
考核评价（100 分）						
个人总评						
综合评价得分		综合评价得分=（小组总评+个人总评）/2				

项目四

堆码、苫垫

4.1 项目准备

1. 项目目标

（1）熟悉在库作业流程，并了解堆码和苫垫在其中的位置。

（2）掌握托盘规格的准确识别能力。

（3）具备最大限度提高托盘利用率的能力。

（4）掌握堆码方式与苫垫方式。

（5）掌握堆垛的基本要求。

2. 项目内容

在库作业流程、托盘规格、最大限度提高托盘利用率、堆码方式与苫垫方式。

3. 项目环境

（1）场地（30m^2～50 m^2）、物品。

（2）手动打包设备、打包机、公斤秤、卷尺。

（3）托盘、叉车、手推车。

4.2　项目实施

1．项目组织

项目分组进行，每小组可以由 5～6 人或 7～8 人组成，每组设组长一名，所有项目内容在指导教师的指导下由组长领导组员实施。

2．情景描述

首先教师指导学生回忆在库作业流程并指出堆码、苫垫的位置，再由教师做堆码前准备，并演示各种堆码及苫垫方法，最后由学生分组模拟。

3．项目流程

（1）学生回忆在库作业流程并指出堆码、苫垫的位置（见图 3-4-1）。

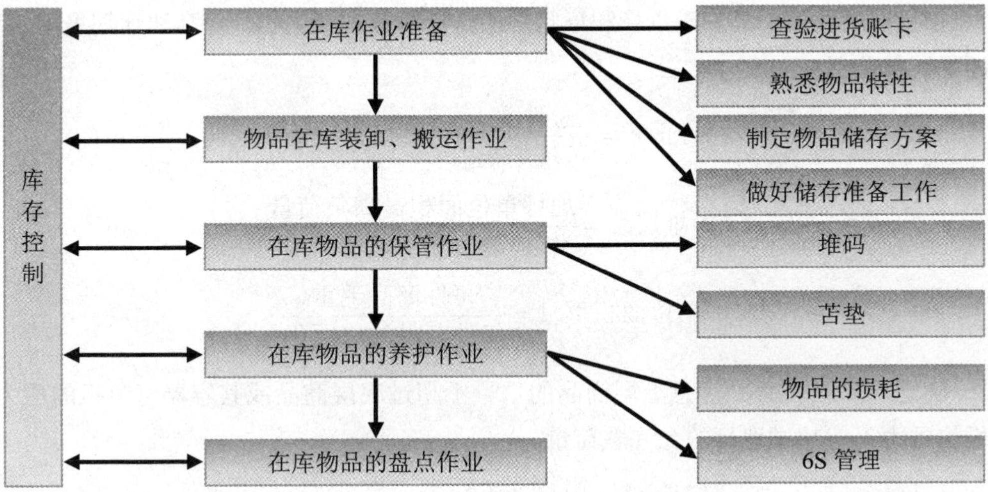

图 3-4-1　在库作业流程

（2）教师讲解商品堆垛设计的相关知识。

① 对堆垛商品的要求。

商品正式堆垛时，必须具备以下条件：商品的数量、质量已经彻底查清；包装完好，标志清楚；外表的沾污、尘土等已经清除，不影响商品质量；受潮、锈蚀等质量变化或质量不合格的部分，已经加工恢复或者剔出另行处理，与合格品不混杂；金属材料等应该打捆的已经打捆；机电产品和仪器仪表等可集中装箱的已装入合用的包装箱。

② 对堆垛场地的要求。

- 库内堆垛：垛应该在墙基线和柱基线以外，垛底需要垫高。

- 货棚内堆垛：货棚需要防止雨雪渗透，货棚内的两侧或者四周必须有排水沟或管道，货棚内的地坪应高于货棚外的地面，最好铺垫沙石并夯实。堆垛时要垫垛，一般应该垫高 30～40cm。
- 露天堆垛：堆垛场地应该坚实、平坦、干燥、无积水及杂草，场地必须高于四周地面，垛底应垫高 40cm，四周必须排水畅通。

③ 堆垛的基本要求。

- 合理。不同品种、型号、规格、牌号、等级、产地、单价的商品，应分开堆垛，以便合理保管；合理确定堆垛之间的距离和通道宽度，便于装卸、搬运和检查，垛距一般为 0.5～0.8m，主要通道为 2.5～4 m。
- 牢固。货物堆垛牢固安全。
- 定量。每层力求成整数，便于清点发货。
- 整齐。垛形有一定的规格，货垛排列整齐有序，包装标志一律朝外。
- 节约。节省货位，提高仓库利用率。

（3）教师讲解并操作堆垛前的准备工作。

① 按进货的数量、体积、重量和形状，计算货垛的占地面积、垛高和计划采用的垛形。占地面积计算公式：

$$占地面积=\frac{总件数}{可堆层数}\times 每件商品底面积$$

$$可堆层数=\frac{地坪单位面积最高负荷量}{单位面积重量}$$

$$单位面积重量=\frac{每件商品毛重}{每件商品的底面积}$$

② 确定垛高时，必须注意上层商品的重量不超过底层商品或其容器可负担的压力。整个货垛的压力不能超过地坪的允许载荷量。

③ 做好机械、人力、材料准备（见图 3-4-2）。

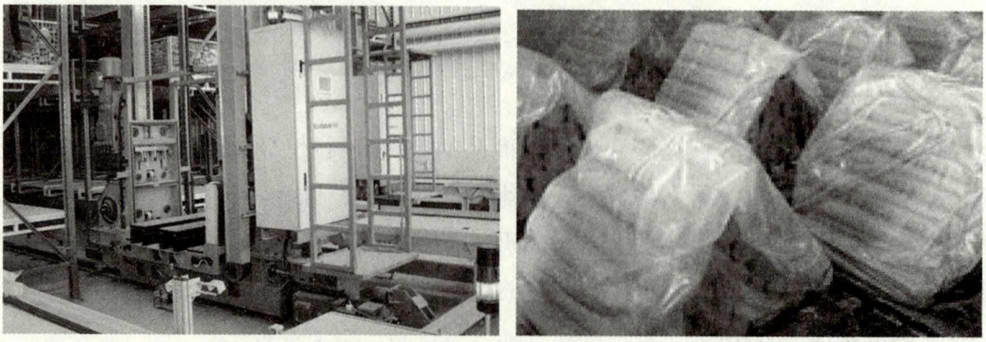

图 3-4-2　机械、人力、材料准备

（4）根据上述内容，教师指导学生就实训室现有物品进行堆垛前的准备，计算出相关数据，并填入表 3-4-1。

表 3-4-1　堆垛前准备数据

序　　号	物　　品	总 件 数	该商品毛重	商品底面积	单位面积重量	可堆层数	占地面积
1							
2							
3							

注：地坪单位面积最高负荷量，根据实训室具体情况而定。

（5）教师讲解并演示堆垛的基本形式。

由于商品的基本性能、外形等不同，堆垛有各种形式（见图 3-4-3）。

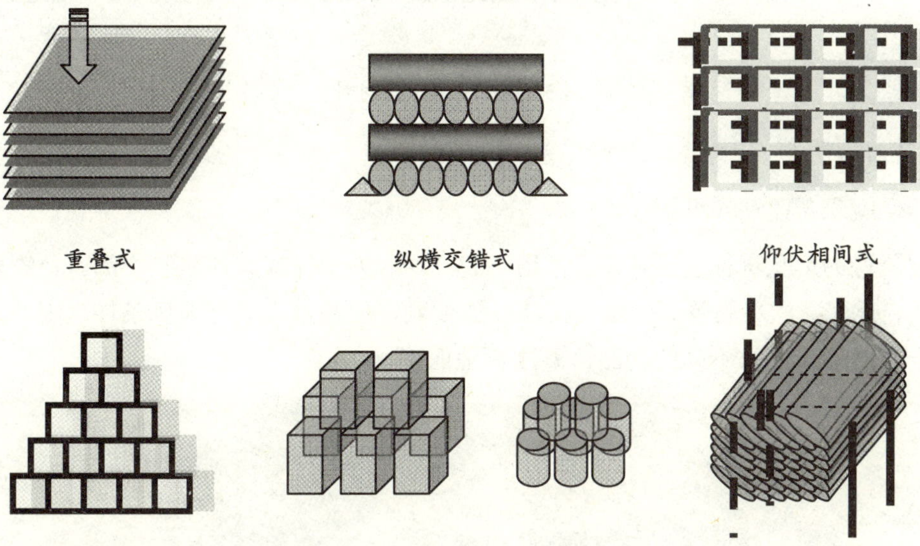

图 3-4-3　堆垛的基本形式

（6）教师讲解苫垫垫垛技术的相关知识。

① 苫盖技术：在货垛上加上遮盖物。要求刮风不开，下雨不漏，垛要起脊，肩有斜度。

② 苫盖的具体要求：选择合适的苫盖材料（见图 3-4-4）；苫盖要牢固，特别是用于露天库场存放的物品时；苫盖接口要紧密，要拴牢或压实，要有一定深度的互相叠盖，不能留迎风接口或留空隙；苫盖必须拉挺、平整，不得有折叠和凹陷，防止积水；苫盖的底部与垫垛平齐，不远离或拖地。

塑料

席子

油毡

铁皮

帆布

图 3-4-4　常用苫盖材料

③ 苫盖方法。

第一，就垛苫盖法（见图 3-4-5）。

根据货垛的形状进行适当苫盖。适用于起脊垛、方形垛或大件包装物品。一般采用大面积的苫布、席子、塑料膜等。就垛苫盖法操作便利，但基本不具有通风条件。因此，就垛苫盖法适合于对通风要求不高的物品，要注意地面干燥。

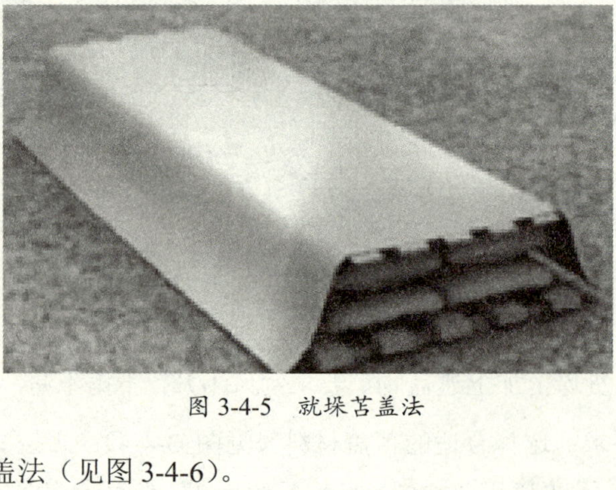

图 3-4-5　就垛苫盖法

第二，鱼鳞式苫盖法（见图 3-4-6）。

将苫盖材料从货垛的底部开始自下而上呈鱼鳞式逐层交叠围盖。该法一般采用面积较小的席、瓦等材料苫盖。鱼鳞式苫盖法具有较好的通风条件，但每件苫盖材料都需要固定，操作起来比较烦琐。

第三，隔离苫盖法（见图 3-4-7）。

苫盖物不直接摆放在货垛上，而是利用隔离物使苫盖物与货垛间留有一定空隙。隔离物可用竹竿、木条、钢筋、钢管、隔离板等。此法利于排水通风。

图 3-4-6 鱼鳞式苫盖法

图 3-4-7 隔离苫盖法

第四，活动棚架苫盖法（见图 3-4-8）。

棚架四周及顶部铺围苫盖物，在棚柱底部装上滚轮，整个棚架可沿固定轨道移动。活动棚本身需要占用仓库位置，固定轨道要占用一定使用面积，需要较高的购置成本。

第五，固定棚架苫盖法（见图 3-4-9）。

用预制的苫盖骨架与苫叶合装而成的简易棚架，但不需基础工程，可随时拆卸和人力移动。

图 3-4-8 活动棚架苫盖法

图 3-4-9 固定棚架苫盖法

④ 垫垛技术：常见的衬垫物有枕木、石墩、水泥墩、木板、防潮纸等。垫垛方法包括：码架式、垫木式、防潮纸式。

⑤ 垫垛的基本要求：所使用的衬垫物与拟存货物不会发生不良影响，具有足够的抗压强度；地面要平整坚实、衬垫物要摆平放正，并保持同一方向；衬垫物间距适当，直接接触货物的衬垫面积与货垛底面积相同，衬垫物不伸出货垛外；衬垫物要有足够的高度，露天堆

场要达到40cm左右，库房内为20cm上下即可。

（7）教师根据以上内容和准备材料，以及实训室现有的设备条件，布置任务，学生分组实施物品的堆垛与苫垫操作。

作业1

作业地点：1号闲置区
物品名称：上海药皂
物品数量：30箱
物品（箱）规格：395×295×275（mm）
托盘规格：1000×1200×160（mm）
堆码方法：纵横交错式
要　　求：货物包装物边缘不允许超出托盘边缘20mm
说　　明：货物载荷满足货物承重要求

作业2

作业地点：2号闲置区
物品名称：洗发水
物品数量：20箱
物品（箱）规格：460×260×230（mm）
托盘规格：1000×1200×160（mm）
堆码方法：压缝式
要　　求：货物包装物边缘不允许超出托盘边缘20mm
说　　明：货物载荷满足货物承重要求

作业3

作业地点：3号闲置区
物品名称：肥皂
物品数量：40箱
物品（箱）规格：395×295×275（mm）
托盘规格：1000×1200×160（mm）
堆码方法：重叠式
要　　求：货物包装物边缘不允许超出托盘边缘20mm
说　　明：货物载荷满足货物承重要求

（8）学生分组，选出小组长，并将相关任务及信息填写在表3-1-1中。

（9）由各小组组织，独立完成在库商品的堆垛与苫垫操作。若教师在练习的过程中发现问题，及时指出并指导。

4.3　项目评价

项目完成组		项目名称		完成时间	
项目完成情况	是否完成	资料是否齐全	人员参与度	有无差错	完成质量
	是□否□	是□　否□	高□低□	有□无□	高□一般□

项目主要问题分析	问题	材料准备、计算表正确度	设备使用合理性、托盘位置的合理性	堆垛符合作业要求程度
	原因			
	正确做法			

4.4　项目考核

被考核组名称			考核项目名称			
考核内容	组织、流程设计		人员分配	盘点作业质量		人员协作
考核评价（100分）						
小组总评						
被考核个人姓名		岗位		所属部门		
考核内容	个人评价	小组评价	教师评价	工作难度	作业质量	个人表现
考核评价（100分）						
个人总评						
综合评价得分		综合评价得分=（小组总评+个人总评）/2				

项目五

盘点

5.1 项目准备

1．项目目标

（1）掌握盘点作业的步骤，理解盘点作业的含义与目的。

（2）能有效地做好盘点前的准备工作，按要求对盘点现场进行及时清理。

（3）熟练掌握合适的盘点方法。

（4）掌握并正确使用盘点所用的各种表单。

（5）准确计算盘亏差异，对盘点结果进行合理分析，正确进行盘盈、盘亏处理。

2．项目内容

盘点作业的步骤，盘点前的准备工作，盘点方法，盘盈、盘亏处理。

3．项目环境

（1）物品（20 种以上物品名称、规格、型号、数量）。

（2）货架（3 种以上类型）。

（3）作业任务单。

（4）两种颜色的水笔、计算器等。

（5）盘点表单。

5.2 项目实施

1. 项目组织

项目分组进行，每小组可以由 5～6 人或 7～8 人组成，每组设组长一名，所有项目内容在指导教师的指导下由组长领导组员实施。

2. 情景描述

首先教师讲解在盘点作业中主要盘点的内容并展示盘点流程，再进行盘点前的准备操作及相应的盘点方法，最后由小组进行模拟。

3. 项目流程

（1）教师讲解在盘点作业中主要盘点的内容。

① 货物数量。通过点数计数查明商品在库的实际数量，核对库存账面资料与实际库存数量是否一致。

② 货物质量。检查在库商品质量有无变化，有无超过有效期和保质期，有无长期积压等现象，必要时必须对商品进行技术检验。

③ 保管条件。检查保管条件是否与各种商品的保管要求相符，如堆码是否合理稳固、库内温度是否符合要求、各类计量器具是否准确等。

④ 库存安全状况。检查各种安全措施和消防、器材是否符合安全要求，以及建筑物和设备是否处于安全状态。

（2）展示盘点流程。

盘点作业一般根据以下几个步骤进行：盘点前的准备、确定盘点时间、确定盘点方法、培训盘点人员、清理盘点现场、盘点、查清差异原因、处理盘点结果（见图 3-5-1）。

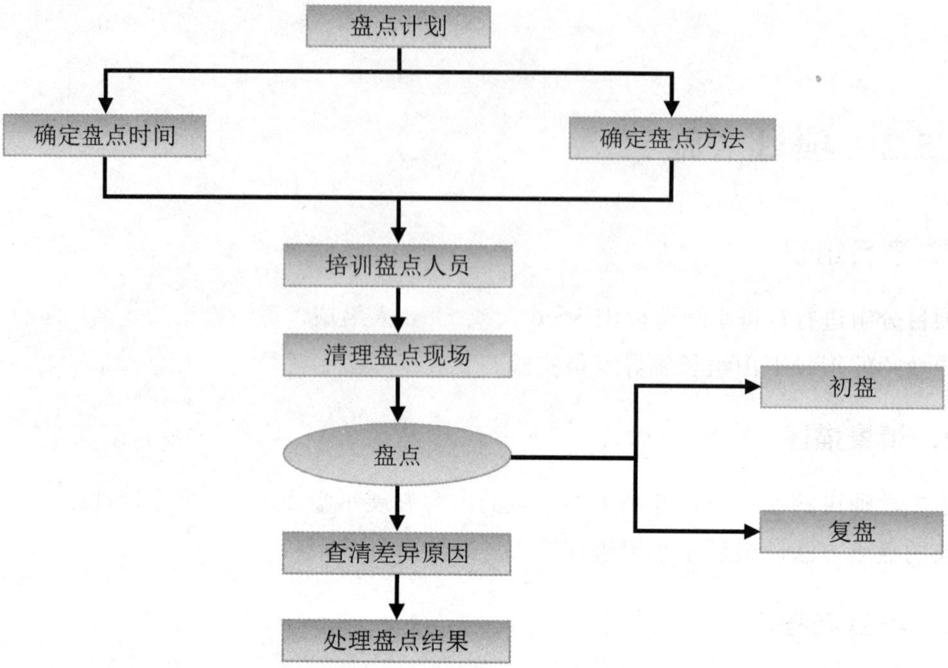

图 3-5-1　盘点流程

（3）盘点准备。

① 确定盘点时间。决定盘点时间时，既要防止过久盘点对公司造成的损失，又要考虑配送中心资源有限、商品流动速度较快的特点。在尽可能投入较少资源的同时，要加强库存控制，可以根据商品的不同特性、价值大小、流动速度、重要程度来分别确定不同的盘点时间，盘点时间可以是每天、每周、每月、每年一次。如 A 类主要货品每天或每周盘点一次；B 类货品每两三周盘点一次；C 类不重要的货品每月盘点一次即可。另外，必须注意的问题是，每次盘点持续时间应尽可能短，全面盘点以 2～6 天为佳，盘点一般选择在财务结算前夕或淡季进行。因淡季储货较少，业务不太繁忙，盘点较为容易，投入资源较少，且人力调动也较为方便。

② 确定盘点方法。因盘点场合、要求的不同，盘点的方法也有差异，为满足不同情况的需要，尽可能快速准确地完成盘点作业，所使用的盘点方法要对盘点有利，不在盘点时混淆。

- 账面盘点法，是将每一种商品分别设立“存货账卡”，然后将每种商品的出入库数量及有关信息记录在账面上，逐笔汇总出账面库存结余量。
- 现货盘点法，是对库存商品进行实物盘点的方法。按盘点时间频率的不同，现货盘点又分为期末盘点和循环盘点。

期末盘点是指在会计计算期末统一清点所有商品数量的方法。由于期末盘点是将所有商品一次点完，因此工作量大、要求严格。通常采取分区、分组的方式进行。分区即将整个储存区域划分成一个一个的责任区，不同的区由专门的小组负责点数、复核和监督。因此，一个小组通常至少需要两人分别负责清点数量并填写盘存单，复查数量并登记复查结果；第三人核对前两次盘点数量是否一致，对不一致的结果进行检查。所有盘点结束后，再与计算机或账册上反映的账面数核对。

循环盘点是指每天、每周盘点一部分商品，一个循环周期将每种商品至少清点一次的方法。循环盘点通常对价值高或重要的商品检查的次数多，而且监督也严格一些，而对价值低或不太重要的商品盘点的次数可以尽量少。循环盘点一次只对少量商品盘点，所以通常只需保管人员自行对照库存数据进行点数检查，发现问题按盘点程序进行复核，并查明原因，然后调整。

（4）清理盘点现场。

盘点作业开始之前必须对盘点现场进行整理，以提高盘点的效率和盘点结果的准确性，清理工作主要包括以下几个方面的内容。

① 盘点前对已验收入库的商品进行整理，归入储位；对未验收入库属于供应商的商品，应区分清楚，避免混淆。

② 盘点场关闭前，应提前通知，将需要出库配送商品提前做好准备。

③ 账卡、单据、资料均应整理后统一结清，以便及时发现问题并加以预防。

④ 预先鉴别变质、损坏商品。

对储存场所堆码的货物进行整理，特别是对散乱货物进行收集与整理，以方便盘点时计数。

（5）填写盘点单（见表3-5-1）。

表3-5-1　盘点单

储位号码	物品名称	单位	账面结存	盘点数	增加数	减少数	调整后的实际库存	备注
需说明的问题								

制表人：　　　　盘点人：　　　　复盘人：

（6）查清差异原因。

造成差异的原因可能有以下几种。

① 记账员素质不高，登录数据时发生错登、漏登等情况。

② 账务处理系统管理制度和流程不完善，导致货品数据不准确。

③ 盘点时发生漏盘、重盘、错盘现象，导致盘点结果出现错误。

④ 盘点前数据未结清，使账面数不准确。

⑤ 出入作业时产生误差。

⑥ 盘点人员不尽责导致货物损坏、丢失等。

（7）盘点结果处理。

查清原因后，为了通过盘点使账面数与实物数保持一致，需要对盘点盈亏和报废品一并进行调整。

① 填写盘点盈亏汇总表（见表 3-5-2）。

表 3-5-2　盘点盈亏汇总表

储位号码	物品名称	账面资料		实盘资料		盘　盈		盘　亏		差异原因
		数量	金额	数量	金额	数量	金额	数量	金额	
合计										

盘点人：　　　　　　　　　复盘人：　　　　　　　　　汇总人：

② 填写物品盘点调整表（见表 3-5-3）。

表 3-5-3　物品盘点调整表

储位号码	物品名称	单位	规格	账面数额			盘点实存			数量盈亏				价格增加				原因说明	负责人	备注
										盘盈		盘亏		盘盈		盘亏				
				数量	单价	金额	数量	单价	金额	数量	金额	数量	金额	数量	金额	数量	金额			
总经理						财务经理					仓储经理					制表人				

备注：第一联是仓库联，第二联是财务联，第三联是存根。

（8）学生分组，选出小组长，并将相关任务及信息填写在表 3-1-1 中。

（9）由各小组组织，独立完成在库商品的盘点操作。若教师在练习的过程中发现问题，及时指出并指导。

5.3　项目评价

项目完成组		项目名称		完成时间	
项目完成情况	是否完成	资料是否齐全	人员参与度	有无差错	完成质量
	是□否□	是□　否□	高□低□	有□无□	高□一般□
项目主要问题分析	问题	盘点前期准备工作、填写盘点卡、盘点表	编制盈亏报表，采用正确的方法处理盘点盈亏数据	对在盘点中发现的数据差额、错误、变质、损耗和呆滞等结果，能够提出合理的处理意见及纠正、预防措施	
	原因				
	正确做法				

5.4　项目考核

被考核组名称		考核项目名称				
考核内容	组织、流程设计	人员分配	盘点作业质量	人员协作		
考核评价（100 分）						
小组总评						
被考核个人姓名		岗位		所属部门		
考核内容	个人评价	小组评价	教师评价	工作难度	作业质量	个人表现
考核评价（100 分）						
个人总评						
综合评价得分		综合评价得分=（小组总评+个人总评）/2				

项目六

打包作业

6.1 项目准备

1. 项目目标

（1）熟练操作出库过程中用到的一些基本工具。

（2）了解货物打包在物流过程中的重要作用：方便运输，保护货物。

（3）学会使用打包机打包。

2. 项目内容

打包在物流过程中的重要作用，使用打包机打包。

3. 项目环境

（1）托盘、纸箱。

（2）打包机、包装带、钳子、钢扣。

6.2 项目实施

1. 项目组织

项目分组进行，每小组可以由5～6人或7～8人组成，每组设组长一名，所有项目内容在指导教师的指导下由组长领导组员实施。

2．情景描述

首先由教师展示打包所用工具，再由教师演示手工打包和机器打包的过程，最后学生分组模拟。

3．项目流程

（1）散件出库的货物要进行相应的包装作业。教师介绍手动打包机（见图 3-6-1）及操作步骤。

手动打包机的操作步骤如下（见图 3-6-2）。

① 选择合适的纸箱，将出库的散货搬运到打包区，并装入纸箱，将包装带环绕在纸箱上，准备打包。

② 用打包机将包装带裁断。

③ 用打包机夹紧包装带的两端。

④ 套上钢扣。

⑤ 两端拉紧。

⑥ 用钳子将钢扣捡合。

⑦ 松开钳子，检查咬合情况。

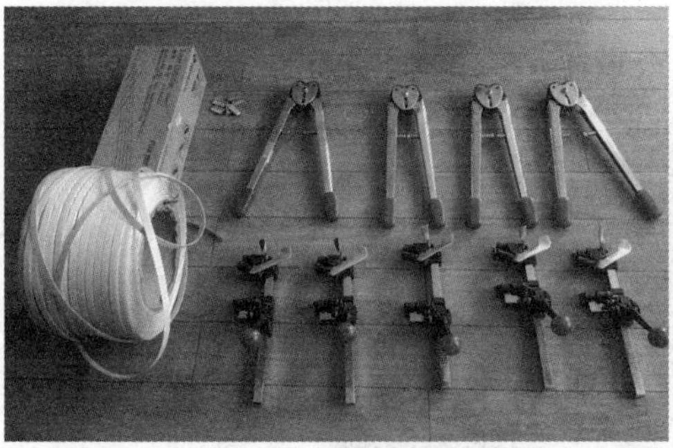

图 3-6-1　手动打包机

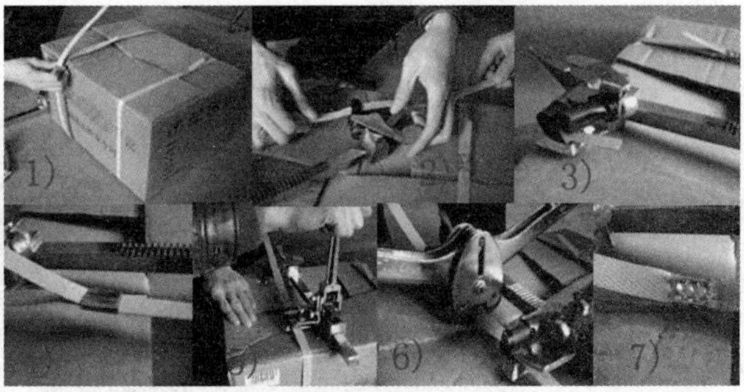

图 3-6-2　手动打包机操作步骤

（2）教师介绍自动打包机结构（见图 3-6-3 和图 3-6-4）及操作步骤。

自动打包机的操作步骤如下（见图 3-6-5）。

① 选择合适的纸箱，将出库散货搬运到打包区，并装入纸箱，放在打包机上准备打包。按下红色方形“电源”按钮，启动设备。

② 按下绿色方形“电机”按钮，电机开始加热，整个预热过程大约需要 1 分钟。

③ 旋转“送带长度”调节器，确定送带时间，刻度盘上一大格表示送带持续 1 秒，可以按 1m/s 的速度估算需要的送带长度。完成一次捆扎后，根据实际情况微调自动出带的长度。

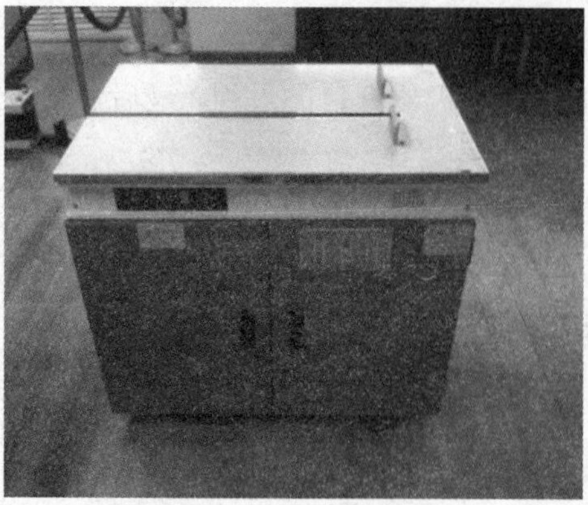

图 3-6-3 自动打包机

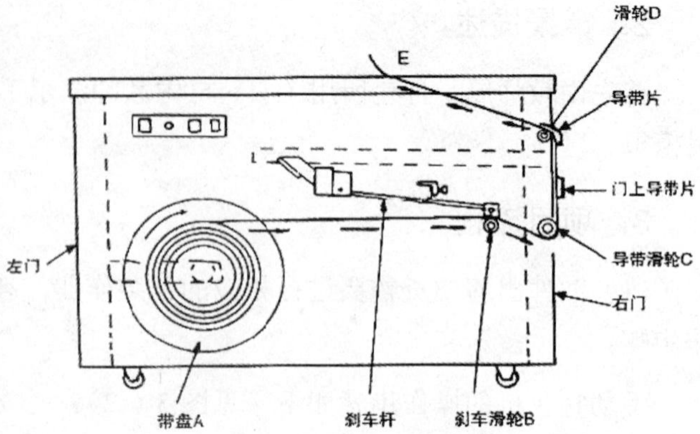

图 3-6-4 自动打包机结构

④ 当预热结束，机器预热时发出的噪声停止时，进行捆扎。将准备打包的散件货物放在工作台上，保持与出口槽方向垂直，计划捆扎的位置正好压在出带槽上，待包装货物的右端压在出槽上的铁片处时，将塑胶包装带从待包装物品的上方绕过，一只手扶住货物，另一只手将包装带端头插入铁片处右端的黑色夹口，完成操作后务必立即放手。此时严禁身体的任何部位接触包装带或伸入包装带与货物之间的空隙。

⑤ 机器自动收带，将物品扎紧，加热端头，粘紧包装带并切断。操作时如果需要临时退带，则按下“手动退带、切带”按钮，将多出的包装带退回，待包装带退到合适的位置后松开按钮，则机器停止退带（见图 3-6-5）。

⑥ 将包装好的箱体堆码整齐。

图 3-6-5 自动打包机操作步骤

自动打包机操作注意事项如下。

① 确认机器所使用的电源，切勿插错电源。

② 操作时请勿将头和手穿过带子的跑道。

③ 勿用手直接触摸加热片。

④ 勿用水冲洗机器，工作场所潮湿时，操作员勿赤脚工作。

⑤ 不使用机器时，将储带仓内的带子卷回带盘，以免下次使用时变形。

⑥ 输带滚轮表面请勿粘油。

⑦ 不用机器时切记拔掉电源。

⑧ 勿随意更换机器上的零件。

⑨ 主要零部件要经常用油润滑。

（3）学生分组，选出小组长，并将相关任务及信息填写在表 3-1-1 中。

（4）由各小组组织，独立完成自动化立体仓库的出库及打包作业的操作。若教师在练习的过程中发现问题，应及时指出并指导。

6.3　项目评价

项目完成组		项目名称		完成时间	
项目完成情况	是否完成	资料是否齐全	人员参与度	有无差错	完成质量
	是□否□	是□　否□	高□低□	有□无□	高□一般□
项目主要问题分析	问题	资料准备	手动打包机的使用、自动打包机的使用	打包效果	
	原因				
	正确做法				

6.4　项目考核

被考核组名称			考核项目名称			
考核内容	组织、流程设计		人员分配	盘点作业质量		人员协作
考核评价（100 分）						
小组总评						
被考核个人姓名		岗位		所属部门		
考核内容	个人评价	小组评价	教师评价	工作难度	作业质量	个人表现
考核评价（100 分）						
个人总评						
综合评价得分		综合评价得分=（小组总评+个人总评）/2				

项目七

拣选作业

7.1　项目准备

1．项目目标

（1）熟悉出库作业流程并了解拣选作业的作用。

（2）了解识别信息的资料。

（3）熟练掌握拣选方式（摘果式和播种式）。

（4）熟练合理地使用拣选工具。

（5）熟练拣选作业的操作。

2．项目内容

出库作业流程、拣选方式（摘果式和播种式）、拣选工具。

3．项目环境

（1）货架、装卸搬运工具。

（2）物品。

（3）电子标签系统。

7.2　项目实施

1．项目组织

项目分组进行，每小组可以由5～6人或7～8人组成，每组设组长一名，所有项目内容在指导教师的指导下由组长领导组员实施。

2．情景描述

首先教师讲解分拣方式并利用图解进行区分，再演示系统拣货信息单的生成，然后教师操作设备完成拣选任务，最后学生分组模拟。

3．项目流程

（1）学生回忆出库作业流程并了解拣选作用的位置（见图3-7-1）。

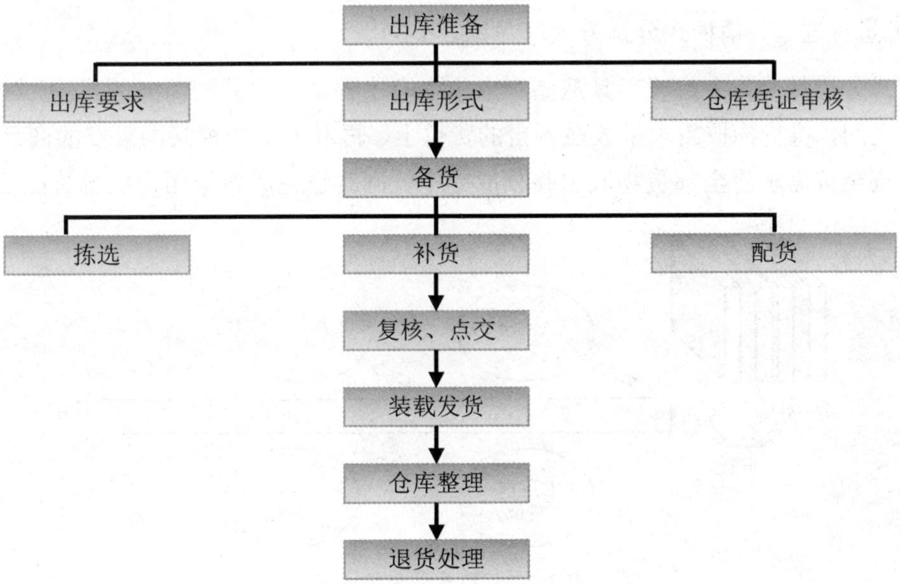

图3-7-1　出库作业流程

（2）教师讲解分拣方式。

① 摘取式分拣——摘果式分拣方式（见图3-7-2）。

储物货位相对固定，而拣选人员或工具相对运动，所以又称作“人到货前式”工艺。形象地说，其类似人们进入果园，在一棵树上摘下成熟的果子后，再转到另一棵树前摘果子，所以又称为“摘果式”或“摘取式”工艺。

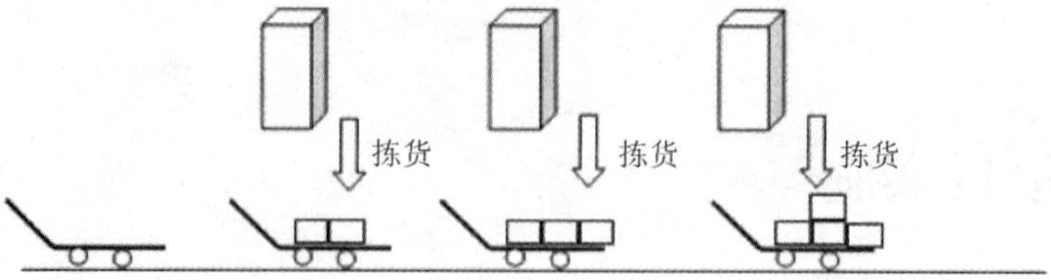

图 3-7-2　摘果式分拣方式

摘取式分拣的特点如下。

第一，按订单拣选，易于实施，而且配货准确度较高，不易出错。

第二，对各用户的拣选相互没有约束，可以根据用户需求的紧急程度调整配货先后次序。

第三，拣选完一个货单货物便配齐，因此货物不需落地暂存，可以直接装上配送车辆，有利于简化工序，提高作业效率。

第四，用户数量不受限制，可在较大范围内波动，拣选作业人员数量也可随时调整，作业高峰时可临时增加作业人员，有利于开展即时配送。

第五，对机械化、自动化没有严格要求，不受设备水平限制。

② 批量拣选——播种式分拣方式（见图 3-7-3）。

播种式分拣是分货人员或工具从储存点集中取出各个用户共同需要的货物，然后巡回于各个货位之间，将货物按需求量放在各自的货位上，再取出下一种共同需要的商品，如此反复进行，直至按需求将全部货物取出并分放完毕。同时也完成各个用户的分拣配货工作。

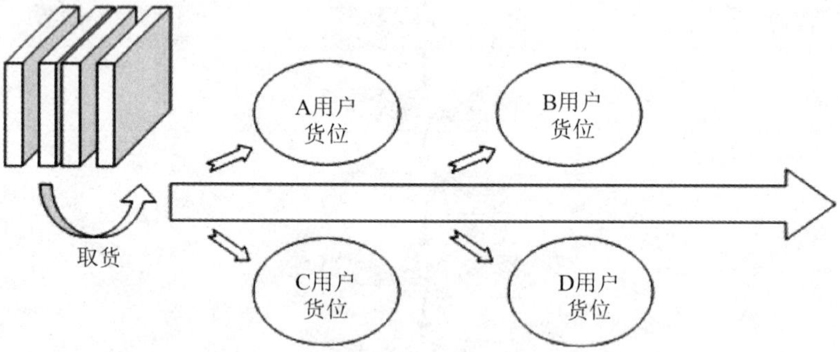

图 3-7-3　播种式分拣方式

批量拣选的特点如下。

第一，由于是集中取出共同需要的货物，再按货物货位分放，这就需要在收到一定数量的订单后进行统计分析，安排好各用户的分货货位之后才能反复分货作业，因此，这种工艺难度较高，计划性较强，与按单拣选相比错误率较高。

第二，由于是各用户的配送请求同时完成，可以同时开始对各个用户所需货物进行配送，因此有利于车辆的合理化调配和规划配送线路，与按单拣选相比它可以更好地发挥规模效益。

第三，对收到的订单无法做出及时反应，必须等订单达到一定数量才做一次处理，因此会有停滞时间，只有根据订单到达的状况做等候分析，决定适当的批量大小，才能将停滞时间减至最低。

（3）教师讲解并演示拣货信息单的生成。

接收订单后，生成拣选单，再派发拣选任务。一张拣选单对应一个拣选人员，拣选人员领单后执行任务，一般分为以下几种情况。

① 1∶1（一张订单生成一张拣选单）。当单一订单量（见表 3-7-1）适宜一人拣选作业时，可直接生成一张拣选单（见表 3-7-2），驱动拣选活动。

② 1∶N（一张订单生成多张拣选单）。当订单量较大（见表 3-7-3），需要使库内布局分散时，可将订单分割，生成多张拣选任务单（见表 3-7-4～表 3-7-6），驱动拣选活动。

表 3-7-1　××××超市采购单

序　号	商品名称	单　位	单价（元）	订购数量	金额（元）	备　注
1	利鑫达板栗	箱	240	7	1680	
2	蜂圣牌蜂皇浆	箱	260	11	2860	
3	休闲黑瓜子	箱	110	6	660	
合计				24	5200	

表 3-7-2　拣选单

<table>
<tr><td colspan="2">拣货单编号</td><td colspan="2">20091104</td><td colspan="2">用户订单编号</td><td colspan="2">A0016</td></tr>
<tr><td colspan="2">用户名称</td><td colspan="6">××××超市</td></tr>
<tr><td colspan="2">出货日期</td><td colspan="2">2010.10.1</td><td colspan="2">出货月台</td><td colspan="2">1</td></tr>
<tr><td colspan="2">拣货日期</td><td colspan="2">2010.10.1</td><td colspan="2">拣货人</td><td colspan="2">张×</td></tr>
<tr><td colspan="2">核查时间</td><td colspan="2"></td><td colspan="2">核查人员</td><td colspan="2"></td></tr>
<tr><td rowspan="2">序号</td><td rowspan="2">储位编号</td><td rowspan="2">商品名称</td><td colspan="3">包装单位</td><td rowspan="2">数量</td><td rowspan="2">备注</td></tr>
<tr><td>箱</td><td>整托盘</td><td>单件</td></tr>
<tr><td>1</td><td>01030301</td><td>利鑫达板栗</td><td>√</td><td></td><td></td><td>7</td><td></td></tr>
<tr><td>2</td><td>01030203</td><td>蜂圣牌蜂皇浆</td><td>√</td><td></td><td></td><td>11</td><td></td></tr>
<tr><td>3</td><td>01040103</td><td>休闲黑瓜子</td><td>√</td><td></td><td></td><td>6</td><td></td></tr>
</table>

表 3-7-3　××××公司采购单

序　号	商品名称	单　位	单价（元）	订购数量	金　额	备　注
1	诚诚油炸花生仁	箱	180	12	2160	
2	利鑫达板栗	箱	240	10	2400	
3	大王牌大豆	箱	420	8	3360	
4	吉欧蒂亚干红葡萄酒	箱	300	9	2700	
5	蜂圣牌蜂皇浆	箱	260	8	2080	

续表

序　号	商品名称	单　位	单价（元）	订购数量	金　额	备　注
6	小师傅方便面	箱	160	14	2240	
7	好娃娃薯片	箱	80	20	1600	
合　计				81	16540	

表 3-7-4　拣选单 1

<table>
<tr><td colspan="2">拣货单编号</td><td>20090001</td><td colspan="3">用户订单编号</td><td colspan="3">A0027</td></tr>
<tr><td colspan="2">用户名称</td><td colspan="7">××××公司</td></tr>
<tr><td>出货日期</td><td colspan="2">2010.10.2</td><td colspan="3">出货月台</td><td colspan="3">2</td></tr>
<tr><td>拣货日期</td><td colspan="2">2010.10.2</td><td colspan="3">拣货人</td><td colspan="3">张×</td></tr>
<tr><td>核查时间</td><td colspan="2"></td><td colspan="3">核查人员</td><td colspan="3"></td></tr>
<tr><td rowspan="2">序号</td><td rowspan="2">储位编号</td><td rowspan="2">商品名称</td><td colspan="3">包装单位</td><td rowspan="2">数量</td><td rowspan="2" colspan="2">备注</td></tr>
<tr><td>箱</td><td>整托盘</td><td>单件</td></tr>
<tr><td>1</td><td>01010202</td><td>诚诚油炸花生仁</td><td>√</td><td></td><td></td><td>12</td><td colspan="2"></td></tr>
<tr><td>2</td><td>01030301</td><td>利鑫达板栗</td><td>√</td><td></td><td></td><td>10</td><td colspan="2"></td></tr>
<tr><td>3</td><td>01030201</td><td>大王牌大豆</td><td>√</td><td></td><td></td><td>8</td><td colspan="2"></td></tr>
</table>

表 3-7-5　拣选单 2

<table>
<tr><td colspan="2">拣货单编号</td><td>20090002</td><td colspan="3">用户订单编号</td><td colspan="3">A0027</td></tr>
<tr><td colspan="2">用户名称</td><td colspan="7">××××公司</td></tr>
<tr><td>出货日期</td><td colspan="2">2010.10.2</td><td colspan="3">出货月台</td><td colspan="3">4</td></tr>
<tr><td>拣货日期</td><td colspan="2">2010.10.2</td><td colspan="3">拣货人</td><td colspan="3">张×</td></tr>
<tr><td>核查时间</td><td colspan="2"></td><td colspan="3">核查人员</td><td colspan="3"></td></tr>
<tr><td rowspan="2">序号</td><td rowspan="2">储位编号</td><td rowspan="2">商品名称</td><td colspan="3">包装单位</td><td rowspan="2">数量</td><td rowspan="2" colspan="2">备注</td></tr>
<tr><td>箱</td><td>整托盘</td><td>单件</td></tr>
<tr><td>1</td><td>01020102</td><td>吉欧蒂亚干红葡萄酒</td><td>√</td><td></td><td></td><td>9</td><td colspan="2"></td></tr>
<tr><td>2</td><td>01030203</td><td>蜂圣牌蜂皇浆</td><td>√</td><td></td><td></td><td>8</td><td colspan="2"></td></tr>
</table>

表 3-7-6　拣选单 3

<table>
<tr><td colspan="2">拣货单编号</td><td>20090003</td><td colspan="3">用户订单编号</td><td colspan="3">A0027</td></tr>
<tr><td colspan="2">用户名称</td><td colspan="7">××××公司</td></tr>
<tr><td>出货日期</td><td colspan="2">2010.10.2</td><td colspan="3">出货月台</td><td colspan="3">6</td></tr>
<tr><td>拣货日期</td><td colspan="2">2010.10.2</td><td colspan="3">拣货人</td><td colspan="3">张×</td></tr>
<tr><td>核查时间</td><td colspan="2"></td><td colspan="3">核查人员</td><td colspan="3"></td></tr>
<tr><td rowspan="2">序号</td><td rowspan="2">储位编号</td><td rowspan="2">商品名称</td><td colspan="3">包装单位</td><td rowspan="2">数量</td><td rowspan="2" colspan="2">备注</td></tr>
<tr><td>箱</td><td>整托盘</td><td>单件</td></tr>
<tr><td>1</td><td>01010203</td><td>小师傅方便面</td><td>√</td><td></td><td></td><td>14</td><td colspan="2"></td></tr>
<tr><td>2</td><td>01030104</td><td>好娃娃薯片</td><td>√</td><td></td><td></td><td>20</td><td colspan="2"></td></tr>
</table>

③ N：1（多张订单生成一张拣选单）。当多个订单量较小（见表 3-7-7～表 3-7-9）且货物库内布局集中时，可合并订单，生成一张拣选作业单（见表 3-7-10），驱动拣选活动。

表 3-7-7　××××超市采购单

序　号	商品名称	单　位	单价（元）	订购数量	金额（元）	备　注
1	好娃娃薯片	箱	80	5	400	
合　计				5	400	

表 3-7-8　×××超市采购单

序　号	商品名称	单　位	单价（元）	订购数量	金　额	备　注
1	好娃娃薯片	箱	80	10	800	
合　计				10	800	

表 3-7-9　××超市采购单

序　号	商品名称	单　位	单价（元）	订购数量	金　额	备　注
1	好娃娃薯片	箱	80	6	480	
合　计				6	480	

表 3-7-10　拣选单

<table>
<tr><td>拣货单编号</td><td colspan="2">20090010</td><td colspan="3">包装单位</td><td rowspan="2">01030105</td></tr>
<tr><td>商品名称</td><td>好娃娃薯片</td><td rowspan="2">数量</td><td>箱</td><td>整托盘</td><td>单件</td></tr>
<tr><td>生产厂家</td><td></td><td>√</td><td></td><td></td><td></td></tr>
<tr><td>拣货日期</td><td colspan="3">2010.10.3</td><td>拣货人</td><td colspan="2">王×</td></tr>
<tr><td>核查时间</td><td colspan="3">2010.10.3</td><td>核查人员</td><td colspan="2"></td></tr>
</table>

<table>
<tr><td rowspan="2">序号</td><td rowspan="2">订单编号</td><td rowspan="2">用户名称</td><td colspan="3">包装单位</td><td rowspan="2">数量</td><td rowspan="2">储货月台</td><td rowspan="2">备注</td></tr>
<tr><td>箱</td><td>整托盘</td><td>单件</td></tr>
<tr><td>1</td><td>A0018</td><td>××××超市</td><td>√</td><td></td><td></td><td>5</td><td>1</td><td></td></tr>
<tr><td>2</td><td>A0019</td><td>×××超市</td><td>√</td><td></td><td></td><td>10</td><td>2</td><td></td></tr>
<tr><td>3</td><td>A0020</td><td>××超市</td><td>√</td><td></td><td></td><td>6</td><td>3</td><td></td></tr>
</table>

（4）学生分组，选出小组长，并将相关任务及信息填写在表 3-1-1 中。

（5）由各小组组织，独立完成手工拣选单。若教师在练习的过程中发现问题，应及时指出并指导。

（6）由各小组组织，独立完成拣选作业操作。若教师在练习的过程中发现问题，应及时指出并指导。

7.3 项目评价

项目完成组			项目名称		完成时间	
项目完成情况		是否完成	资料是否齐全	人员参与度	有无差错	完成质量
		是□否□	是□　否□	高□低□	有□无□	高□一般□
项目主要问题分析	问题	拣选质量	过程科学		搬运过程中注意物品的安全性	
	原因					
	正确做法					

7.4 项目考核

被考核组名称			考核项目名称			
考核内容	组织、流程设计		人员分配	盘点作业质量		人员协作
考核评价（100分）						
小组总评						
被考核个人姓名		岗位		所属部门		
考核内容	个人评价	小组评价	教师评价	工作难度	作业质量	个人表现
考核评价（100分）						
个人总评						
综合评价得分		综合评价得分=（小组总评+个人总评）/2				

模块四

配送作业实训

模块基本目标

知识目标	职业技能目标
• 了解配送作业的流程。 • 熟悉配送作业的操作要求。 • 掌握配送作业的操作步骤及安全操作知识。 • 熟悉配送业务各环节之间的关系。 • 了解不同配送企业类型和相应的业务内容。 • 熟悉配送业务所需的基本物流资源和配置要求。	• 能正确运用物流行业的技术标准、规范组织施工。 • 能正确填写一般物流配送过程涉及的相关资料。 • 能合理安排、协调物流配送的进行。 • 能正确运用物流配送中的各种知识进行实际操作。 • 能对仓储配送设备进行日常维护与保养。 • 培养质量意识、安全意识、环保意识、效率观念。
职业素质养成目标	
• 培养负责任的工作态度，细致认真的工作作风。 • 培养沟通能力，形成良好的团队合作意识。 • 培养勇于创新、敬业乐业的工作作风。 • 培养对企业文化、管理制度认同的能力。	

模块实训项目

项目分解	项目名称	主要内容	建议学时
项目一	配送作业组织实施准备	设置组织架构、人员分工、部门和人员职责制定、工作流程设计、货物盘点等	5～8学时
项目二	基于“供应”的一般配送作业组织实施	订单处理、拣货、理货、出库、送货、账务处理等	5～10学时
项目三	进货业务处理	进货策略制定、供应商选择、仓位准备、进货验收入库、登记台账等	3～5学时
项目四	基于“销售”的一般配送作业组织实施	定价策略制定、客户开发、配送组织实施、账务核算、业绩评价等	10～15学时
项目五	退货业务处理	退货策略制定、接受退货、退货验收入库、退货货款结算、退货处理等	2～5学时

项目一

配送作业组织实施准备

1.1 项目准备

1. 项目目标

（1）熟悉并掌握配送作业各项活动的内容和涉及的部门及职责，明确职责划分的原则。

（2）能够依据作业内容和作业量进行人员分配，建立部门之间的工作关系。

（3）能够设计企业整体和部门工作流程图。

（4）能够组织人员开展盘点作业。

2. 项目内容

设置组织架构、人员分工、部门和人员职责制定、工作流程设计、盘点。

3. 项目环境

（1）货架及各种类型的货物。

（2）笔、纸等办公用具。

（3）各种仿真教学资料。

1.2 项目实施

1. 项目组织

本项目分组进行，每小组可以由 20～25 人组成，每组设组长一名，所有项目内容在指导教师的指导下由组长领导组员实施。

2. 情景描述

以硬件比较齐全的物流实训室作为一个能够独立开展配送业务的配送中心，该中心已经具备配送能力，小组成员全部进驻配送中心，经过对中心基本情况的了解，由小组组长任中心主任，规划配送业务活动，开展本项目涉及的实训内容。

3. 项目流程

（1）配送中心货物盘点登记。

（2）配送业务内容、流程设计。

（3）部门设置、人员分配，职责制定。

（4）构建部门间工作关系。

4. 辅助资料

（1）功能完整的配送中心可设置的主要业务部门有进货部、市场部、业务部、仓储部、运输部、财务部、人力资源部。各部门的主要职责如下。

① 进货部，主要负责货物进货环节涉及的进货计划制定、供应商选择，货物验收。

② 市场部，主要负责配送需求用户的开发，配送业务的市场推广，促销策划等。

③ 业务部，主要负责用户业务咨询、业务接待，处理客户投诉及退换货请求，重点工作是订单处理。

④ 仓储部，主要负责货物的出入库管理，库内货物的保管、分拣和理货。

⑤ 运输部，主要负责制定运输方案，合理调度车辆，完成送货并负责提供运输费用，核算有关票据。

⑥ 财务部，负责对配送中心的各项资产进行核算，并对各项业务执行情况进行监督，建立规范的财务预算核算制度，提供年度、月度企业运行财务报表。

⑦ 人力资源部，主要负责人员培训，岗位分配，人员考核，工资核发。

（2）货物盘点表（见表 4-1-1）。

（3）员工基础信息登记表（见表 4-1-2）。

（4）一般配送业务流程图（见图 4-1-1 和图 4-1-2）。

表 4-1-1 货物盘点表

单位：极速配送中心　　日期：2014 年 3 月 11 日　　仓库：　　金额单位：元

编号	名称规格	单位	单价	期初库存		本期入库		本期出库		期末库存		仓位
				数量	金额	数量	金额	数量	金额	数量	金额	
101001	戴尔键盘/12	个		70								QX112
202023	力士香皂/50	块		280								DA101
311019	教学仪器	套		20								GT203

负责人：　　复核：　　制表：

表 4-1-2 员工基础信息登记表

单位名称：　　日期：

序号	编号	姓名	性别	年龄	部门	入职时间	学历	岗位（职务）	备注

负责人：　　审核：　　制表：

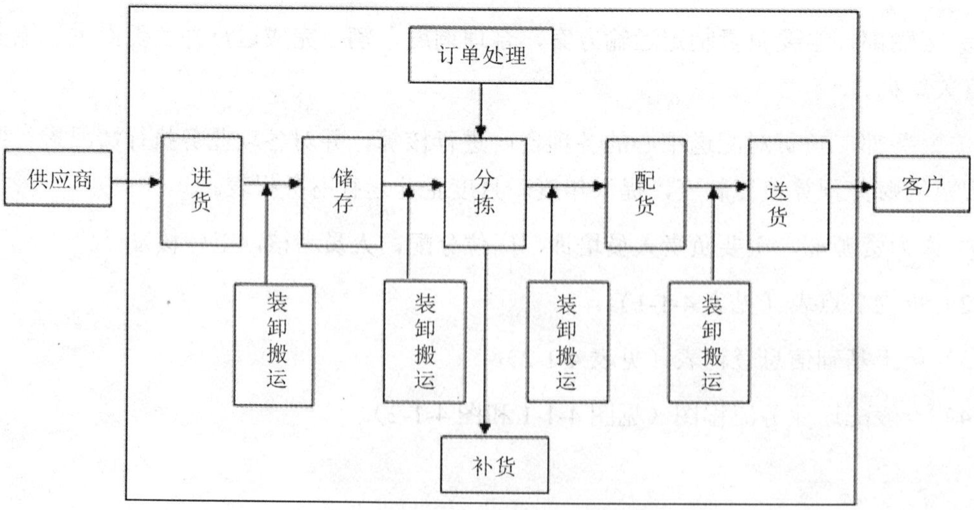

图 4-1-1 配送业务活动流程

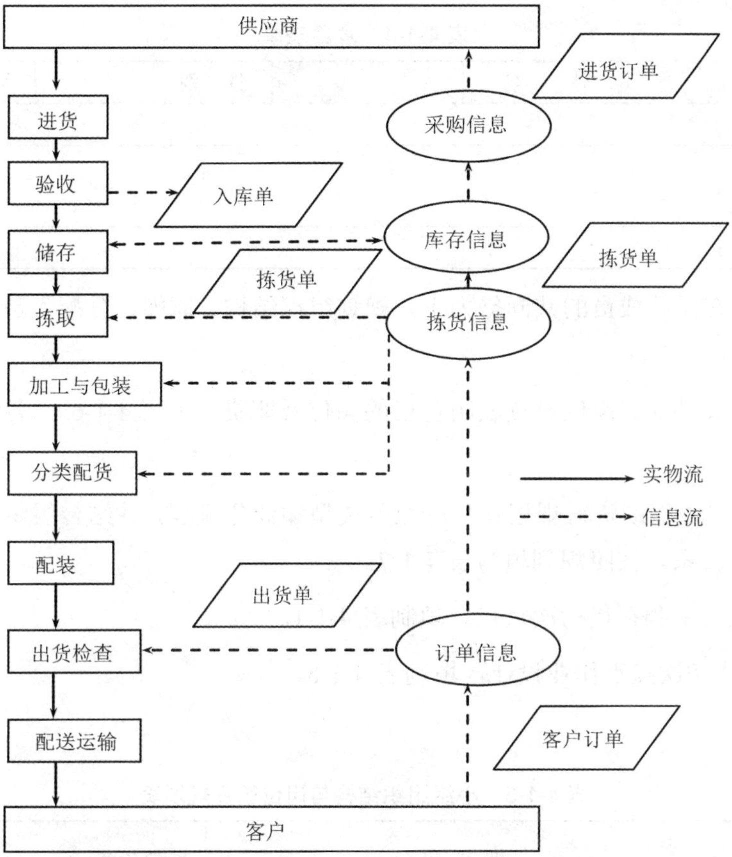

图 4-1-2 配送业务一般作业流程

5. 操作步骤

（1）实训班级按照 20～25 人一组分成两组，首先组织全部学生竞选小组组长，每位学生可以自由参选小组组长，参选小组组长的学生填写表 4-1-3 所示竞选表单。

表 4-1-3 竞选表单

班 级		姓 名		性 别		年 龄	
自我介绍							
竞选宣言							
竞选评价	表达力(20 分)	亲和力(20 分)	组织力（20 分）	号召力（20 分）	业务力（20 分）	总评	

注：参选小组长按照一定顺序进行竞选，教师随机抽取 5 位不参选的学生和教师一起作为评委。最后评分最高的两位竞选者入选，担任各小组组长，组建自己的团队。

（2）其余同学依据前述小组长的表现，选择自己愿意加入的团队。各位同学填写如表 4-1-4 所示表单表述自己的意愿。

表 4-1-4　意愿表单

<table>
<tr><td>班　　级</td><td></td><td>姓　　名</td><td></td><td>性　别</td><td></td><td>年　龄</td><td></td></tr>
<tr><td>加入团队</td><td colspan="7"></td></tr>
<tr><td>加入理由</td><td colspan="7"></td></tr>
<tr><td>组长意见</td><td colspan="7"></td></tr>
</table>

（3）各小组在团队成员的共同努力下，规划组织结构、职能，分配人员和职责，小组组长填写表 4-1-5。

（4）各小组成员依据岗位设置表明自己的岗位及职责（见表 4-1-6）。各组形成员工信息表（见表 4-1-2）。

（5）各小组参照辅助资料规划本单位业务类型和业务流程，并结合组织机构的设置设计部门之间的业务关系。按照规划填写表 4-1-7。

（6）完成配送中心存货初次盘点，填制表 4-1-1。

① 进行存货初次盘点作业设计，填制表 4-1-8。

② 盘点。

表 4-1-5　小组组织结构与岗位职责规划表

<table>
<tr><td rowspan="2">序号</td><td rowspan="2">拟设部门</td><td rowspan="2">部门职责</td><td rowspan="2">部门负责人</td><td colspan="2">拟设岗位及职数</td></tr>
<tr><td>岗　　位</td><td>职　　数</td></tr>
<tr><td rowspan="4">1</td><td rowspan="4"></td><td rowspan="4"></td><td rowspan="4"></td><td></td><td></td></tr>
<tr><td></td><td></td></tr>
<tr><td></td><td></td></tr>
<tr><td></td><td></td></tr>
<tr><td rowspan="4">2</td><td rowspan="4"></td><td rowspan="4"></td><td rowspan="4"></td><td></td><td></td></tr>
<tr><td></td><td></td></tr>
<tr><td></td><td></td></tr>
<tr><td></td><td></td></tr>
<tr><td rowspan="3">3</td><td rowspan="3"></td><td rowspan="3"></td><td rowspan="3"></td><td></td><td></td></tr>
<tr><td></td><td></td></tr>
<tr><td></td><td></td></tr>
<tr><td rowspan="3">4</td><td rowspan="3"></td><td rowspan="3"></td><td rowspan="3"></td><td></td><td></td></tr>
<tr><td></td><td></td></tr>
<tr><td></td><td></td></tr>
<tr><td rowspan="3">5</td><td rowspan="3"></td><td rowspan="3"></td><td rowspan="3"></td><td></td><td></td></tr>
<tr><td></td><td></td></tr>
<tr><td></td><td></td></tr>
<tr><td rowspan="3">6</td><td rowspan="3"></td><td rowspan="3"></td><td rowspan="3"></td><td></td><td></td></tr>
<tr><td></td><td></td></tr>
<tr><td></td><td></td></tr>
</table>

表 4-1-6　各小组成员的岗位及职责

组　　名		姓　　名		性　　别		年　　龄	
岗　　位		所属部门		部门负责人签字			
岗位职责							

表 4-1-7　各部门的业务类型和流程

业务类型 1	供应配送 □	销售配送 □		供销一体化配送 □		代存代供配送 □
业务类型 2	定时配送 □	定量配送 □		定时定量配送 □		即时配送 □
业务流程	环节名称	完成部门	负责岗位	任务来源	涉及单据	完成标准
1						
2						
3						
4						
5						
6						
7						

表 4-1-8　存货初次盘点作业设计

拟盘点仓库（货架）	1.	2.	3.	4.	5.
盘点责任人					
主盘点人					
复盘人					
盘点中出现的问题及处理办法	问题 1:		处理办法:		
	问题 2:		处理办法:		
	问题 3:		处理办法:		
编号规则	顺序码□	分类编码□		编号长度	
总负责人		盘点方法:	实地盘存制	盘点技术:	

③ 盘点结束，各组提供盘点表。

1.3 项目评价

项目完成组		项目名称		完成时间	
项目完成情况	是否完成	资料是否齐全	人员参与度	有无差错	完成质量
	是□否□	是□ 否□	高□低□	有□无□	高□一般□
项目主要问题分析	问题				
	原因				
	正确做法				

1.4 项目考核

被考核组名称			考核项目名称			
考核内容	组织、流程设计		人员分配	盘点作业质量	人员协作	
考核评价（100分）						
小组总评						
被考核个人姓名		岗位		所属部门		
考核内容	个人评价	小组评价	教师评价	工作难度	作业质量	个人表现
考核评价（100分）						
个人总评						
综合评价得分		综合评价得分=（小组总评+个人总评）/2				

项目二

基于“供应”的一般配送作业组织实施

2.1 项目准备

1. 项目目标

（1）熟悉并掌握供应配送一般作业流程。

（2）能够正确处理订单、传递拣货、理货、送货信息。

（3）能够高效组织拣货、送货、理货及库存变动登记作业。

（4）能够合理使用叉车、搬运车、运输车辆等工具。

2. 项目内容

接收并处理订单，组织货物分拣、整理和检验，组织送货和送达服务、库存登记。

3. 项目环境

（1）货架及各种类型的货物。

（2）叉车、搬运车等装卸搬运工具。

（3）订单、拣货单、出库单等单据凭证。

（4）各种仿真教学资料。

2.2　项目实施

1．项目组织

本项目由各组轮流进行，实施小组按照前项人员分工进入各岗位，其他小组扮演客户负责需求订单的填写与送达，并同时在场内观摩监督实施小组的作业。一组订单实施完成后，实施小组根据时间安排本组人员进行轮岗，开始第二组订单的实施。所有项目内容在指导教师的指导下由组长领导组员实施。

2．情景描述

为了循序渐进地开展配送业务，首先进行“供应”配送，实施项目小组进驻配送中心，负责中心的所有工作，包括厘清库存、业务组织实施，业务结束后的清查核算等。扮演客户的小组依据配送中心已有存货及数量自由填写订单，首批订单可控制在 5 个以内。

3．项目流程

（1）实施小组进驻配送中心，各岗位人员按照配送中心布局上岗。

（2）客户完成订单并传递，配送中心接收订单并处理。

（3）订单处理结果形成拣货单和送货单。

（4）仓储部组织拣货、理货和出库业务，登记库存台账。

（5）运输部完成车辆调度、组织送货后回单到财务部。

4．辅助资料

（1）客户订单（见表 4-2-1）。

（2）拣货单（见表 4-2-2）。

（3）送货单（见表 4-2-3）。

（4）出库单（见表 4-2-4）。

（5）库存台账（见表 4-2-5）。

表 4-2-1 【 】配送中心配送订单

订单编号： 编制日期：

购货单位			联 系 人		联系方式	
收货地址					收货人	
货物编号	名称规格	计量单位	订货数量	订货单价	订货金额	备 注
合计金额大写：			¥			

负责人： 业务员： 制单人：

表 4-2-2 【 】配送中心拣货单

拣货单编号： 编制日期： 订单编号：

拣货部门			拣 货 人		拣货方式	
拣货日期		购货单位			复核人	
序 号	货物编号	名称规格	计量单位	拣货数量	货物仓位	备 注
出货站点：			制单人：			

表 4-2-3 【 】配送中心送货单

送货单编号： 编制日期： 订单编号：

购货单位			送货日期		送货方式	
收货地址			收 货 人		联系方式	
序 号	货物编号	名称规格	计量单位	数量	装卸运要求	备 注
出货站点：						

制单人： 送货人： 收货人签收：

表 4-2-4 【 】配送中心出库单

出库单编号： 日期：

购货单位			联 系 人		联系方式	
货物编号	名称规格	计量单位	出库数量	单 价	金 额	备 注
合计金额大写：			¥			

核算员： 送货员： 仓管员： 制单人：

表 4-2-5 【　　　　】配送中心库存商品登记表

年　月　　　　　　　　　　　　　　　　　　　　仓库：

序　　号	存货编号	名称规格	计量单位	上月结余	本月入库	本月发出	本月结余
1							
2							
3							
4							
5							

5．操作步骤

（1）实施小组进驻配送中心，依据前项安排、场地中心布局，组织人员各就各位，填写如表 4-2-6 所示表格。

表 4-2-6　实施小组岗位职责设置及人员定岗表

<table>
<tr><td>组　　别</td><td>极速</td><td>总 人 数</td><td>20</td><td>组　　长</td><td>胡××</td></tr>
<tr><td>岗　　位</td><td>人员姓名</td><td colspan="3">岗位职责</td><td>所属部门</td></tr>
<tr><td>业 务 员</td><td>赵×、胡××</td><td colspan="3">接收、审查订单，存货分配，传递拣送货信息</td><td>业务部</td></tr>
<tr><td>拣 货 员</td><td>李×</td><td colspan="3">接收拣货单，并分拣货物至指定理货区</td><td>仓储部</td></tr>
<tr><td>理 货 员</td><td>成××</td><td colspan="3">依据拣货单整理、复核出库货物，制作出库单、办理出库手续，汇总上交出库单</td><td>仓储部</td></tr>
<tr><td>仓 管 员</td><td>吴×</td><td colspan="3">登记台账，组织货物清查</td><td>仓储部</td></tr>
<tr><td>送 货 员</td><td>孙××</td><td colspan="3">组织货物送货、送达服务</td><td>运输部</td></tr>
<tr><td>核 算 员</td><td>钱×</td><td colspan="3">登记账簿，核算成本，确认收入</td><td>财务部</td></tr>
</table>

（2）客户填写订单，并传递订单信息给配送中心。要求订单中的商品数量不超过 3 种，每种商品的数量不超过配送中心现存量的三分之一。订单一式两份，一份存留，一份交配送中心。

每份订单具体内容的填写如表 4-2-7 所示。

表 4-2-7-1 【　　　　】配送中心配送订单（存根联）

订单编号：dd0000001　　　　　　　　　　　　　　　　编制日期：2014/3/12

<table>
<tr><td>购货单位</td><td colspan="2">齐力商贸公司</td><td>联系人</td><td>章××</td><td>联系方式</td><td>188××××8888</td></tr>
<tr><td>收货地址</td><td colspan="4">××市××县××街××号</td><td>收货人</td><td>王×</td></tr>
<tr><td>货物编号</td><td>名称规格</td><td>单　位</td><td>订货数量</td><td>订货单价</td><td>订货金额</td><td>备　　注</td></tr>
<tr><td>101001</td><td>戴尔键盘/102</td><td>个</td><td>20</td><td></td><td></td><td rowspan="3"></td></tr>
<tr><td>202023</td><td>力士香皂/50</td><td>块</td><td>50</td><td></td><td></td></tr>
<tr><td>311019</td><td>教学仪器</td><td>套</td><td>5</td><td></td><td></td></tr>
<tr><td colspan="7">合计金额大写：　　　　　　　　　　　　¥</td></tr>
</table>

负责人：胡××　　　　　　　　业务员：赵×　　　　　　　　制单人：王×

表 4-2-7-2 【 】配送中心配送订单（配送联）

订单编号：dd000001　　　　编制日期：2014/3/12

购货单位	齐力商贸公司		联系人	章××	联系方式	188××××8888
收货地址	××市××县××街××号				收货人	王×
货物编号	名称规格	单　位	订货数量	订货单价	订货金额	备　注
101001	戴尔键盘/102	个	20			
202023	力士香皂/50	块	50			
311019	教学仪器	套	5			
合计金额大写：			¥			

负责人：胡××　　　　业务员：赵×　　　　制单人：王×

（3）配送中心业务员收到客户传递的配送订单后，首先对订单信息的完整性、准确性进行确认，主要确认的信息有购货单位、收货地址、收货人、货物名称规格、单位和数量等。随后查询库存信息，确定存货量是否满足订单需要。最后业务员和业务部负责人签字确认。

（4）业务员依据订单信息填制拣货信息和送货信息，并将信息以单据的形式传递给仓储部和运输部。形成的拣货单和送货单如表 4-2-8 和表 4-2-9 所示。

（5）仓储部和运输部收到单据后开始组织货物拣选和安排车辆。

① 仓储部分拣人员根据拣货量自己或者分配其他人按照拣货单信息组织分拣任务，已经拣出的货物可在拣货单对应的货物栏打钩，所有货物拣出后把拣货单与拣出货物放在一起，方便理货人员检查和包装处理。理货人员在理货区巡视，对于完成的拣货单进行核查并在复核栏内签字确认。随后制作出库单，如表 4-2-10 所示。

表 4-2-8 【 】配送中心拣货单

拣货单编号： jh000001　　　　编制日期：2014/3/12　　　　订单编号：dd000001

拣货部门	仓储部拣货一组		拣货人	李×	拣货方式	推车+叉车
拣货日期	2014/3/12	购货单位	齐力商贸公司		复核人	
序　号	货物编号	名称规格	计量单位	拣货数量	货物仓位	备　注
1	101001	戴尔键盘/102	个	20	QX112	
2	202023	力士香皂/50	块	50	DA101	
3	311019	教学仪器	套	5	GT203	
出货站点：			制单人：			

表 4-2-9 【 】配送中心送货单

送货单编号：sh000001　　　　编制日期：　2014/3/12　　　　订单编号：dd000001

购货单位	齐力商贸公司		送货日期	2014//3/12	送货方式	送货上门
收货地址	××市××县××街××号		收货人	王×	联系方式	188××××8888
序　号	货物编号	名称规格	计量单位	数　量	装卸运要求	备　注
1	101001	戴尔键盘/102	个	20		
2	202023	力士香皂/50	块	50		

续表

3	311019	教学仪器	套	5		
出货站点：						

制单人：　　　　送货人：　　　　收货人签收：

表 4-2-10-1 【　　　　　　】配送中心出库单（存根联）

出库单编号：ck000001　　　　日期：2013/3/12

购货单位	齐力商贸公司	联系人	章××	联系方式	188××××8888	
货物编号	名称规格	计量单位	出库数量	单　价	金　额	备　注
101001	戴尔键盘/102	个	20			
202023	力士香皂/50	块	50			
311019	教学仪器	套	5			
合计金额大写：			¥			

核算员：　　　　送货员：　　　　仓管员：　　　　制单人：

表 4-2-10-2 【　　　　　　】配送中心出库单（记账联）

出库单编号：ck000001　　　　日期：2013/3/12

购货单位	齐力商贸公司	联系人	章××	联系方式	188××××8888	
货物编号	名称规格	计量单位	出库数量	单　价	金　额	备　注
101001	戴尔键盘/102	个	20			
202023	力士香皂/50	块	50			
311019	教学仪器	套	5			
合计金额大写：			¥			

核算员：　　　　送货员：　　　　仓管员：　　　　制单人：

表 4-2-10-3 【　　　　　　】配送中心出库单（台账联）

出库单编号：ck000001　　　　日期：2013/3/12

购货单位	齐力商贸公司	联系人	章××	联系方式	188××××8888	
货物编号	名称规格	计量单位	出库数量	单　价	金　额	备　注
101001	戴尔键盘/102	个	20			
202023	力士香皂/50	块	50			
311019	教学仪器	套	5			
合计金额大写：			¥			

核算员：　　　　送货员：　　　　仓管员：　　　　制单人：

② 送货人员接到送货信息后，根据送货时间、送货量和地址组织调度车辆和规划送货路线，并派车到指定的地点装货。车辆到达装货点后根据送货单上的货物信息清点货物并组织装货，同时配合理货人员完成货物出库，主要是在对方提供的出库单上签字确认。

③ 理货员办理完出库手续后，把出库单记账联和台账联分别交给财务核算员和仓管员，核算员和仓管员分别确认信息并签字。

（6）送货员装货完毕后，将货物和送货单一起送给客户，客户验收货物后在送货单上签字确认，送货员拿回送货单交给财务部进行费用结算。

（7）仓管员拿到出库单后可以进行台账登记。如果是月底汇总登记，只需在月底汇总全月各种货物的出入库数量，最后计算出结余数，但是这种情况不易随时了解库存情况。所以建议建立库存台账明细表（见表 4-2-11），采取“一货一册”的办法进行逐笔登记。这样做虽然比较麻烦，但是可以随时掌握库存情况，便于组织订货和存货分配查询。

表 4-2-11-1　【　　　　　　】配送中心库存明细登记表（数量式）

存货分类：电子 101　　货物编号：101001　　名称规格：戴尔键盘/102

计量单位：个　　仓位：QX112

日　期	摘　要	入库数量	出库数量	结余数量	备　注
2014/3/11	期初结余			70	
2014/3/12	向齐力商贸公司发货		20	50	

表 4-2-11-2　【　　　　　　】配送中心库存明细登记表（数量式）

存货分类：洗涤 202　　货物编号：202023　　名称规格：力士香皂/50

计量单位：块　　仓位：DA101

日　期	摘　要	入库数量	出库数量	结余数量	备　注
2014/3/11	期初结余			280	
2014/3/12	向齐力商贸公司发货		50	230	

表 4-2-11-3　【　　　　　　】配送中心库存明细登记表（数量式）

存货分类：仪器 311　　货物编号：311019　　名称规格：教学仪器

计量单位：套　　仓位：GT203

日　期	摘　要	入库数量	出库数量	结余数量	备　注
2014/3/11	期初结余			20	
2014/3/12	向齐力商贸公司发货		5	15	

（8）财务部门的核算员专门负责各个部门业务运作过程中涉及的资产变动核算，本实训项目是供应配送，一般只在月底核算配送业务收入，日常只核算配送成本。本项目只需要核算员收集送货单、出库单及其他费用单据就可以，具体核算在“销售”配送中实训。

2.3 项目评价

项目完成组		项目名称		完成时间	
项目完成情况	是否完成	资料是否齐全	人员参与度	有无差错	完成质量
	是□否□	是□ 否□	高□低□	有□无□	高□一般□
项目主要问题分析	问题				
	原因				
	正确做法				

2.4 项目考核

被考核组名称		考核项目名称			
考核内容	订单信息确认	单据内容完整性	工作流程	人员协作	纪律
考核评价（100分）					
小组总评	86				
被考核个人姓名		岗位		所属部门	
考核内容	个人评价	小组评价	教师评价	工作难度	作业质量	个人表现
考核评价（100分）						
个人总评					
综合评价得分		综合得分=（小组总评+个人总评）/2			

项目三

进货业务处理

3.1 项目准备

1. 项目目标

（1）熟悉并掌握进货作业主要流程环节。

（2）能够正确依据需求等制定进货策略。

（3）能够完成进货的各项作业。

（4）能够对供应商进行分析选择。

2. 项目内容

进货策略制定、供应商选择、仓位准备、进货验收入库、登记台账。

3. 项目环境

（1）货架及各种类型的货物。

（2）叉车、搬运车等装卸搬运工具。

（3）进货订单、进货通知单、入库单等单据凭证。

（4）各种仿真教学资料。

3.2 项目实施

1. 项目组织

本项目由各组轮流进行，实施小组按照前项人员分工进入各岗位，其他小组扮演供应商，负责采购订单处理与进货通知单的填制发送，并同时在场内观摩监督实施小组的作业。一组进货订单实施完成后，实施小组根据时间安排本组人员进行轮岗，开始第二轮进货订单的实施。所有项目内容在指导教师的指导下由组长领导组员实施。

2. 情景描述

进货作业是配送作业的前置作业，属于配送的备货阶段。项目二实施后使库存量下降，配送中心必须再次备货才可以进行日常的配送业务。为了更好地组织项目四，本项目进货采取采购进货模式，所以需要配送中心采购人员联合仓管人员制定进货策略，明确进货的种类、数量和时间，并选择最优供应商。为了对进货量进行适当限制，设定配送中心可使用的资金总额为 20 万元，并且不允许拖欠货款，做到货款两清。

3. 项目流程

（1）实施小组进驻配送中心、各岗位人员按照配送中心布局上岗。

（2）进货部联合仓储部制定进货策略，主要明确进货种类、数量和时间。

（3）进货组采取一定的方法，如招投标等，选择供应商。

（4）进货组向选择好的供应商传递进货订单。

（5）供应商接收进货订单并积极组织备货，货物备齐后向配送中心传发到货通知单。

（6）进货部接收进货通知单，积极准备仓位，并启动进货接收工作。

（7）货到后，进货组联系仓储部完成货物的验收和入库手续。

（8）仓储部登记入库货物台账，财务部完成货款支付和存货核算。

4. 辅助资料

（1）进货订单（见表 4-3-1）。

（2）到货通知单（见表 4-3-2）。

（3）入库单（见表 4-3-3）。

（4）现金明细账（见表 4-3-4）。

（5）货款支付单（见表 4-3-5）。

表 4-3-1　【　　　　　】配送中心进货订单

订单编号：　　　　　　　　　　　　　　　　　　　　编制日期：

供 货 商			联系人		联系方式	
收货地址					收 货 人	
货物编号	名称规格	计量单位	订货数量	订货单价	订货金额	备　注
						到货时间
合计金额大写：			¥			

负责人：　　　　　　　　　　业务员：　　　　　　　　　　制单人：

表 4-3-2　【　　　　　】供应商到货通知单

到货通知单编号：　　　　　　　　日期：　　　　　　　　进货订单编号：

供 应 商			联 系 人		联系方式	
到货日期		送货单位			送 货 人	
序　号	货物编号	名称规格	计量单位	货物数量	预存仓位	备　注
出货站点：			制单人：			

表 4-3-3　【　　　　　】配送中心入库单

入库单编号：　　　　　　　　日期：　　　　　　　　进货订单号：

供 货 商			联 系 人		联系方式	
货物编号	名称规格	计量单位	入库数量	单　价	金　额	仓　位
合计金额大写：			¥			

核算员：　　　　　　检验员：　　　　　　仓管员：　　　　　　制单人：

表 4-3-4　【　　　　　】配送中心现金明细账

年		凭 证 号	摘　要	核√	收入金额	支出金额	结存金额
月	日						

负责人：　　　　　　　　　　　　　　　　　　　　记账：

表 4-3-5 【　　　　】配送中心进货货款支付单

供 货 商			供货状态	在途☐ 已入库☐ 其他☐	
供货金额		支付金额		支付方式	
支付日期		收款人		财务核算员	
财务负责人意见					支付单编号
单位负责人意见					

5. 操作步骤

（1）实施小组进驻配送中心，依据前项安排、场地中心布局，组织人员各就各位。填写表 4-3-6。

表 4-3-6 实施小组岗位职责设置及人员定岗表

组　　别	极速	总 人 数	20	组　　长	胡××
岗　　位	人员姓名	岗位职责			所属部门
进 货 员	赵×、刘××	填写进货订单，考察选择供应商，办理进货			进货部
拣 货 员	李×	接收拣货单，并分拣货物至指定的理货区			仓储部
理 货 员	成××	依据进货安排仓位，实施货物入库作业			仓储部
仓 管 员	吴×	联合进货员确定进货明细，登记台账，组织货物清查			仓储部
送 货 员	孙××	组织送货、送达服务			运输部
核 算 员	钱×	登记账簿，核算成本，确认收入			财务部

（2）进货员依据库存信息确定进货明细，填写进货订单信息。要求订单中的商品数量不超过 3 种，每种商品的数量不超过日均配送量的 3 倍。进货订单一式两份，一份留存，一份交给选定的供应商。

每份订单的具体内容填写如表 4-3-7 所示。

表 4-3-7-1 【　　　　】配送中心进货订单（存根联）

订单编号：JH0000001　　　　编制日期：2014/3/13

供 货 商	优教商贸有限公司		联 系 人	郝×	联系方式	139××××5678
收货地址	××市××区××街××号				收 货 人	刘××
货物编号	名称规格	单　　位	订货数量	订货单价（元）	订货金额（元）	备　　注
101001	戴尔键盘/102	个	60	100	6000.00	2014 年 3 月 16 日
202023	力士香皂/50	块	150	4.5	675.00	
311019	教学仪器	套	15	590	8850.00	
合计金额大写：壹万伍仟伍佰贰拾伍元整				¥15525.00		

负责人：胡××　　　　业务员：郝×　　　　制单人：周×

表 4-3-7-2　【　　　　】配送中心进货订单（进货联）

订单编号：JH0000001　　　　　　　　　　　　　　　　　　　编制日期：2014/3/13

供 货 商	优教商贸有限公司		联 系 人	郝×	联系方式	139××××5678
收货地址	××市××区××街××号				收 货 人	刘××
货物编号	名称规格	单　　位	订货数量	订货单价（元）	订货金额（元）	备　　注
101001	戴尔键盘/102	个	60	100	6000.00	2014 年 3 月 16 日
202023	力士香皂/50	块	150	4.5	675.00	
311019	教学仪器	套	15	590	8850.00	
合计金额大写：壹万伍仟伍佰贰拾伍元整				¥15525.00		

负责人：胡××　　　　　　　　　　业务员：郝×　　　　　　　　　　制单人：周×

（3）进货组依据对供应商的评价选择最优供应商。供应商选择评价表如表 4-3-8 所示。

（4）根据供应商评价结果选择供应商，依据确定的供货价格、供货时间补全进货订单资料，并要求供应商的业务员在进货订单上签字确认，一份配送中心留存，一份交由供应商的业务员据以办理供货。

（5）供应商由其他组的成员扮演，当供货期到时，填写到货通知单，明确本次到货的货品品种、数量及到货对应的进货订单号等信息，填写到货通知单（见表 4-3-9）。

（6）进货部接到到货通知单后转交给仓储部负责人，仓储部负责人根据部门人员分工转交到货通知单给仓管员。仓管员具体负责货物验收入库前的准备工作，首先依据货物种类、数量、到货时间规划存放仓位，并预填写在到货通知单上。

（7）货物到达后，进货组联合质检部对货物进行检验，检验合格后办理货物入库手续，仓管员填写货物入库单一式三联（见表 4-3-10）。

表 4-3-8　供应商选择评价表

供应商 / 评价内容	1. 优教商贸有限公司	2.	3.
产品质量（20 分）	20		
供应商信誉（20 分）	20		
产品价格（40 分）	39		
供货时间（20 分）	20		
供应商评价得分（分）	99		

表 4-3-9 【　　　　　　】供应商到货通知单

到货通知单编号：dhd0000001　　　　日期：2014/3/15　　　　进货订单编号：jh0000001

供应商	优教商贸有限公司		联系人	郝×	联系方式	139××××5678
到货日期	2014/3/16	送货单位	优教运输部		送货人	赵××
序号	货物编号	名称规格	单位	货物数量	预存仓位	备注
1	101001	戴尔键盘/102	个	60	QX112	
2	202023	力士香皂/50	块	150	DA101	
3	311019	教学仪器	套	15	GT203	
出货站点：××市××区××街××号			制单人：曹×			

表 4-3-10-1 【　　　　　　】配送中心入库单（存根联）

入库单编号：rkd0000001　　　　日期：2014/3/16　　　　进货订单号：jh0000001

供货商	优教商贸有限公司		联系人	郝×	联系方式	139××××5678
货物编号	名称规格	单位	入库数量	单价	金额	仓位
101001	戴尔键盘/102	个	60	100	6000.00	QX112
202023	力士香皂/50	块	150	4.5	675.00	DA101
311019	教学仪器	套	15	590	8850.00	GT203
合计金额大写：壹万伍仟伍佰贰拾伍元整　　¥15525.00						

核算员：钱×　　　　检验员：严×　　　　仓管员：吴×　　　　制单人：吴×

表 4-3-10-2 【　　　　　　】配送中心入库单（台账联）

入库单编号：rkd0000001　　　　日期：2014/3/16　　　　进货订单号：jh0000001

供货商	优教商贸有限公司		联系人	郝×	联系方式	139××××5678
货物编号	名称规格	单位	入库数量	单价	金额	仓位
101001	戴尔键盘/102	个	60	100	6000.00	QX112
202023	力士香皂/50	块	150	4.5	675.00	DA101
311019	教学仪器	套	15	590	8850.00	GT203
合计金额大写：壹万伍仟伍佰贰拾伍元整　　¥15525.00						

核算员：钱×　　　　检验员：严×　　　　仓管员：吴×　　　　制单人：吴×

表 4-3-10-3 【　　　　　　】配送中心入库单（记账联）

入库单编号：rkd0000001　　　　日期：2014/3/16　　　　进货订单号：jh0000001

供货商	优教商贸有限公司		联系人	郝×	联系方式	139××××5678
货物编号	名称规格	单位	入库数量	单价	金额	仓位
101001	戴尔键盘/102	个	60	100	6000.00	QX112
202023	力士香皂/50	块	150	4.5	675.00	DA101

续表

311019	教学仪器	套	15	590	8850.00	GT203
合计金额大写：壹万伍仟伍佰贰拾伍元整			¥15525.00			

核算员：钱× 检验员：严× 仓管员：吴× 制单：吴×

（8）货物入库单中台账联用作登记库存台账，记账联交给进货部门人员到财务部办理货款结算手续，仓管员登记台账（见表4-3-11）。

表4-3-11-1 【 】配送中心库存明细登记表（数量金额式）

存货分类：电子101 货物编号：101001 名称规格：戴尔键盘/102

计量单位：个 仓位：QX112

日期	摘要	入库		出库		结余		备注
		数量	金额	数量	金额	数量	金额	
2014/3/11	期初结余					70		
2014/3/12	向齐力商贸发货			20		50		
2014/3/16	向优教进货	60	6000			110		

表4-3-11-2 【 】配送中心库存明细登记表（数量金额式）

存货分类：洗涤202 货物编号：202023 名称规格：力士香皂/50

计量单位：块 仓位：DA101

日期	摘要	入库		出库		结余		备注
		数量	金额	数量	金额	数量	金额	
2014/3/11	期初结余					280		
2014/3/12	向齐力商贸发货			50		230		
2014/3/16	向优教进货	150	675			380		

表4-3-11-3 【 】配送中心库存明细登记表（数量金额式）

存货分类：仪器311 货物编号：311019 名称规格：教学仪器

计量单位：套 仓位：T203

日期	摘要	入库		出库		结余		备注
		数量	金额	数量	金额	数量	金额	
2014/3/11	期初结余					20		
2014/3/12	向齐力商贸发货			5		15		
2014/3/16	向优教进货	15	8850			30		

（9）财务人员根据入库单办理货款支付，编制付款单，并登记现金账（见表 4-3-12 和表 4-3-13）。

表 4-3-12 【　　　　】配送中心进货货款支付单

供 货 商	优教商贸有限公司		供货状态	在途□ 已入库□ 其他□	
供货金额	15525.00	支付金额	15525.00	支付方式	现金
支付日期	2014/3/16	收款人签字	周×	财务核算员	钱×
财务负责人意见	同意支付　　李 ×　2014.3.16			支付单编号	
单位负责人意见	同意支付　　胡××　2014.3.16			Zfd00001	

表 4-3-13 【　　　　】配送中心现金明细账

单位：元

2014 年		凭 证 号	摘　要	核√	收入金额	支出金额	结存金额
月	日						
3	1		期初结余				200000.00
3	16	Zfd00001	支付优教商贸货款			15525.00	

负责人：李×　　　　　　　　　　记账：钱×

（10）第一组完成一次进货任务后，第二组进驻配送中心组织进货业务。

3.3　项目评价

项目完成组		项目名称			完成时间	
项目完成情况		是否完成	资料是否齐全	人员参与度	有无差错	完成质量
		是□否□	是□　否□	高□低□	有□无□	高□一般□
项目主要问题分析	问题					
	原因					
	正确做法					

3.4　项目考核

被考核组名称			**考核项目名称**			
考核内容	进货信息确认	供应商选择	工作流程	人员协作	纪律	
考核评价（100 分）						
小组总评						
被考核个人姓名		岗位		所属部门		
考核内容	个人评价	小组评价	教师评价	工作难度	作业质量	个人表现
考核评价（100 分）						
个人总评						
综合评价得分		综合得分=（小组总评+个人总评）/2				

项目四

基于“销售”的一般配送作业组织实施

4.1 项目准备

1. 项目目标

（1）熟悉并掌握销售配送一般作业流程。

（2）能够依据市场和成本做出合理的定价。

（3）能够正确处理订单，传递拣货、理货、送货信息。

（4）能够高效组织拣货、送货、理货及库存变动登记作业。

（5）能够合理使用叉车、搬运车、运输车辆等工具。

（6）能够合理进行财务信息决算工作。

2. 项目内容

定价策略制定、客户开发、配送组织实施、账务核算、业绩评价等。

3. 项目环境

（1）货架及各种类型的货物。

（2）叉车、搬运车等装卸搬运工具。

（3）客户订单、拣货单、出库单等单据凭证。

（4）各种仿真教学资料。

4.2 项目实施

1. 项目组织

本项目由各组轮流进行，实施小组按照前项人员分工进入各岗位，其他小组扮演客户，负责需求订单的填写与送达，并同时在场内观摩监督实施小组的作业。一组订单实施完成后，实施小组根据时间安排本组人员进行轮岗，开始第二组订单的实施。所有项目内容在指导教师的指导下由组长领导组员实施。

2. 情景描述

由于本次配送是基于“销售”模式进行的，各组除了要完成配送业务外，更要组织库存货品的销售，只有取得客户的销售订单后才能够组织配送。为便于对销售配送业绩考核，特做出以下规定：扮演客户的同学两人一组，共分 10 组，每组设定 50000 元的客户资金，用于购买配送中心的货品，货品的品种和数量需要与配送中心营销人员协商确定，总额不超过 50000 元。配送中心业务员依据库存情况、成本及市场等制定价格策略，并开展面向客户的营销活动，争取更多的订单。为了方便计算经营效益，设定销售配送费用为为 120000 元的固定月费用和以销售额 10%计算的变动月费用。

3. 项目流程

（1）实施小组进驻配送中心，各岗位人员按照配送中心布局上岗。

（2）小组协商制定价格策略，分配营销任务。

（3）业务员开展营销活动，与客户签订销售订单，并交回业务部组织配送。

（4）业务员审核订单，存货不足的组织进货，并向仓储部和运输部传递拣货与送货信息。

（5）仓储部组织拣货、理货和出库业务，登记库存台账。

（6）运输部完成车辆调度、组织送货后回单到财务部。

（7）财务部负责账款的收缴，并登记相应的台账。

（8）财务部联合仓储部完成业绩核算。

4. 辅助资料

（1）客户订单（见表 4-2-1）。

（2）拣货单（见表 4-2-2）。

（3）送货单（见表 4-2-3）。

（4）出库单（见表 4-2-4）。

（5）库存台账（见表 4-2-5）。

（6）入库单（见表 4-3-3）。

（7）现金明细账（见表 4-3-4）。

（8）货款支付单（见表 4-3-5）。

（9）收款单（见表 4-4-1）。

（10）销售配送费用结算单（见表 4-4-2）。

表 4-4-1 【　　　　】配送中心销售出货收款单

收款单编号：　　　　　　　　　　　　　　　　　　　　　　　　日期：

<table>
<tr><td>客　户</td><td colspan="2"></td><td>出货状态</td><td colspan="2">在库□ 在途□ 送达□</td></tr>
<tr><td>销售金额</td><td></td><td>收款金额</td><td></td><td>收款方式</td><td></td></tr>
<tr><td>收款日期</td><td></td><td>付款人签字</td><td></td><td>财务核算员</td><td></td></tr>
<tr><td rowspan="2">备　注</td><td colspan="4" rowspan="2"></td><td>收款单编号</td></tr>
<tr><td></td></tr>
</table>

表 4-4-2 【　　　　】配送中心销售配送费用结算单

结算单编号：　　　　　　　　　　　　　　　　　　　　　　　　日期：

客户名称				
销 售 额				
销售配送费用比例				
销售配送费用				
送货人员				
结算人员签字				
财务核算				

单位主管：　　　　　　财务负责人：　　　　　　审核：　　　　　　制表：

5. 操作步骤

（1）实施小组进驻配送中心，依据前项安排、场地中心布局，组织人员各就各位。填写表 4-4-3。

表 4-4-3 实施小组岗位职责设置及人员定岗表

组 别	极速	总人数	20	组 长	胡××
岗 位	人员姓名	岗位职责			所属部门
业务员	赵×、胡××	接收、审查订单，存货分配，传递拣送货信息			业务部
拣货员	李×	接收拣货单，并分拣货物至指定的理货区			仓储部
理货员	成××	依据拣货单整理、复核出库货物，制作出库单，办理出库手续，汇总上交出库单			仓储部
仓管员	吴×	登记台账，组织货物清查			仓储部
送货员	孙××	组织送货、送达服务			运输部
核算员	钱×	登记账簿，核算成本，确认收入			财务部
营销员	师×	推销产品与服务，签订销售订单			业务部

（2）本组各成员依据岗位分工，填写表 4-4-4。

表 4-4-4 各小组成员的岗位及职责

组 名		姓 名		性 别		年 龄	
岗 位		所属部门		部门负责人签字			
岗位职责							

（3）本组组长与组员共同确定拟销售配送货品的价格策略，如表 4-4-5 所示，并开展营销活动。

表 4-4-5 拟销售配送货品的价格策略

制定价格需要考虑的因素及权重	1．进货成本	2．配送费用	3．市场需求	4．盈利水平
总成本加成定价法	货品价格=（进货成本+单位配送费用）×（1+20%）			
进销差价定价法	货品价格=进货成本×（1+盈利水平 30%）+单位配送费用			
市场定价法	与客户谈判，以双方最终确认的价格成交			

（4）为了取得较好的业绩，组长开始可以拟派多个营销员进行销售活动，其他岗位的人员在没有业务之前可以参与营销活动，有分工的人员开展客户开发。每一个营销员记录自己的营销业务业绩，如表 4-4-6 所示。

表 4-4-6 营销业务业绩表

营销员姓名		小组名称		时　间	
开发客户名称					
成 交 额					

（5）营销员与客户谈妥货品及价格等条件后，签订配送订单，并带回交给业务员，如表 4-4-7 所示。

表 4-4-7 【　　　　】配送中心配送订单

订单编号：dd0000002　　　　编制日期：2014/3/18

购货单位	杨帆超市		联 系 人	黄×	联系方式	8××××33
收货地址	××市××区××街××号				收 货 人	黄浩
货物编号	名称规格	单　位	订货数量	订货单价	订货金额	备　注
101001	戴尔键盘/102	个	100	200	20000.00	隔日送达
202023	力士香皂/50	块	500	10	5000.00	
311019	教学仪器	套	20	1000	20000.00	
合计金额大写：肆万伍仟元整			¥45000.00			

负责人：胡××　　　　业务员：师×　　　　制单人：黄×

（6）业务部对订单进行确认，主要检查订单中货品名称、数量、单价、客户名称地址、交货日期等信息是否完整明确，再对订单货品数量进行库存查询。在表 4-4-7 所示订单中，货号为 101001 的戴尔键盘/102 和 311019 的教学仪器库存满足配送数量，而货号为 202023 的力士香皂/50 存货不足，差额为 320 块，需要进货方组织配送。所以业务员首先向进货部门发出进货申请单，如表 4-4-8 所示。

表 4-4-8 【　　　　】配送中心进货申请单

进货申请单编号：sqd0000001　　　　日期：2014/3/18

供 货 商	优教商贸有限公司		联 系 人	郝×	联系方式	139××××5678
货物编号	名称规格	单　位	入库数量	单价（元）	金额（元）	仓　位
202023	力士香皂/50	块	1000	4.5	4500.00	DA101
合计金额大写：肆仟伍佰元整			¥4500.00			

业务部负责人：胡××　　　　申请人：赵×

（7）进货部按照申请单向优教商贸下达进货订单，如表 4-4-9 所示。

表 4-4-9-1 【　　　　】配送中心进货订单（存根联）

订单编号：JH0000002　　　　编制日期：2014/3/18

供货商	优教商贸有限公司		联系人	郝×	联系方式	139××××5678
收货地址	××市××区××街××号				收货人	刘××
货物编号	名称规格	单位	订货数量	订货单价（元）	订货金额（元）	备注
202023	力士香皂/50	块	1000	4.5	4500.00	2014年3月19日到货
合计金额大写：肆仟伍佰元整			¥4500.00			

负责人：胡××　　　　业务员：郝×　　　　制单人：周×

表 4-4-9-2 【　　　　】配送中心进货订单（进货联）

订单编号：JH0000002　　　　编制日期：2014/3/18

供货商	优教商贸有限公司		联系人	郝×	联系方式	139××××5678
收货地址	××市××区××街××号				收货人	刘××
货物编号	名称规格	单位	订货数量	订货单价	订货金额	备注
202023	力士香皂/50	块	1000	4.5	4500	2014年3月19日到货
合计金额大写：肆仟伍佰元整			¥4500.00			

负责人：胡××　　　　业务员：郝×　　　　制单人：周×

（8）由其他组的成员扮演供应商，当货物送到时，填写到货通知单，明确本次到货的货品品种、数量及到货对应的进货订单号等信息，如表 4-4-10 所示。

表 4-4-10 【　　　　】供应商到货通知单

到货通知单编号：dhd0000002　　　　日期：2014/3/19　　　　进货订单编号：JH0000002

供应商	优教商贸有限公司		联系人	郝×	联系方式	139××××5678
到货日期	2014/3/19	送货单位	优教运输部		送货人	赵××
序号	货物编号	名称规格	计量单位	货物数量	预存仓位	备注
1	202023	力士香皂/50	块	1000	DA101	
出货站点：××市××区××街××号				制单人：曹×		

（9）进货部接到到货通知单后转交给仓储部负责人，仓储部负责人根据部门人员分工转交到货通知单给仓管员。仓管员具体负责货物验收入库前的准备工作，首先依据货物种类、数量、到货时间规划存放仓位，并预填写在到货通知单上。

（10）货物到达后，进货组联合质检部对货物进行检验，检验合格后办理货物入库手续，仓管员填写货物入库单一式三联（见表 4-4-11）。

表 4-4-11-1 【　　　　　】配送中心入库单（存根联）

入库单编号：rkd0000002　　　　日期：2114/3/19　　　　进货订单号：JH0000002

供货商	优教商贸有限公司		联系人	郝×	联系方式	139××××5678
货物编号	名称规格	单位	入库数量	单价	金额	仓位
202023	力士香皂/50	块	1000	4.5	4500.00	DA101
合计金额大写：肆仟伍佰元整			¥4500.00			

核算员：钱×　　　　检验员：严×　　　　仓管员：吴×　　　　制单人：吴×

表 4-4-11-2 【　　　　　】配送中心入库单（台账联）

入库单编号：rkd0000002　　　　日期：2014/3/19　　　　进货订单号：JH0000002

供货商	优教商贸有限公司		联系人	郝×	联系方式	139××××5678
货物编号	名称规格	单位	入库数量	单价	金额	仓位
202023	力士香皂/50	块	1000	4.5	4500.00	DA101
合计金额大写：肆仟伍佰元整			¥4500.00			

核算员：钱×　　　　检验员：严×　　　　仓管员：吴×　　　　制单人：吴×

表 4-4-11-3 【　　　　　】配送中心入库单（记账联）

入库单编号：rkd0000002　　　　日期：2014/3/19　　　　进货订单号：JH0000002

供货商	优教商贸有限公司		联系人	郝×	联系方式	139××××5678
货物编号	名称规格	单位	入库数量	单价	金额	仓位
202023	力士香皂/50	块	1000	4.5	4500.00	DA101
合计金额大写：肆仟伍佰元整			¥4500.00			

核算员：钱×　　　　检验员：严×　　　　仓管员：吴×　　　　制单人：吴×

（11）货物入库单中台账联用作登记库存台账，记账联交给进货部门人员到财务部办理货款结算手续，仓管员登记台账，如表 4-4-12 所示。

表 4-4-12 【　　　　　】配送中心库存明细登记表（数量金额式）

存货分类：洗涤 202　　　　货物编号：202023　　　　名称规格：力士香皂/50

计量单位：块　　　　仓位：DA101

日期	摘要	入库		出库		结余		备注
		数量	金额	数量	金额	数量	金额	
2014/3/11	期初结余					280		
2014/3/12	向齐力商贸发货			50		230		
2014/3/16	向优教进货	150	675			380		
2014/3/19	向优教进货	1000	4500			1380		

（12）财务人员根据入库单办理货款支付，编制付款单，并登记现金账，如表 4-4-13 和表 4-4-14 所示。

表 4-4-13 【　　　　】配送中心进货货款支付单

供 货 商	优教商贸有限公司		供货状态	在途□ 已入库□ 其他□	
供货金额（元）	4500.00	支付金额（元）	4500.00	支付方式	现金
支付日期	2014/3/19	收款人签字	周×	财务核算员	钱×
财务负责人意见	同意支付　　李　×　2014.3.19				支付单编号
单位负责人意见	同意支付　　胡××　2014.3.19				Zfd00002

表 4-4-14 【　　　　】配送中心现金明细账

单位：元

2014 年		凭 证 号	摘　要	核	收入金额	支出金额	结存金额
月	日			√			
3	1		期初结余				200000.00
3	16	Zfd00001	支付优教商贸货款			15525.00	
3	19	Zfd00002	支付优教商贸货款			4500.00	

负责人：李×　　　　　　记账：钱×

（13）库存不足存货送达入库后，业务员依据前期未分配订单信息填制拣货信息和送货信息，并将信息以拣货单和送货单的形式传递给仓储部和运输部。形成的拣货单和送货单如表 4-4-15 和表 4-4-16 所示。

（14）仓储部门和运输部门收到单据后对单据信息的完整性进行核查确认，并开始组织货物拣选和车辆安排。

① 仓储部分拣人员根据拣货量自己或者与其他人一起按照拣货单信息开展拣货工作，已经拣出的货物可在拣货单对应的货物栏打钩，拣货工作可以采取分段拣货的方式，就是拣货单在不同的拣货区流转，由不同的人完成相应区域的拣货任务，最后完成的人在所有货物拣出后把拣货单与拣出货物放在一起，方便理货人员检查和包装处理。理货人员在理货区巡视，对完成的拣货单进行核查并在复核栏内签字确认，再制作出库单，如表 4-4-17 所示。

表 4-4-15 【　　　　】配送中心拣货单

拣货单编号：JH000002　　　　编制日期：2014/3/19　　　　订单编号：dd000002

拣货部门	仓储部拣货一组		拣 货 人	李×	拣货方式	推车+叉车
拣货日期	2014/3/19	购货单位	杨帆超市		复 核 人	
序　号	货物编号	名称规格	计量单位	拣货数量	货物仓位	备　注
1	101001	戴尔键盘/102	个	100	QX112	
2	202023	力士香皂/50	块	500	DA101	

续表

3	311019	教学仪器	套	20	GT203	
出货站点：理货区 D 区				制单人：赵×		

表 4-4-16 【　　　　】配送中心送货单

送货单编号：sh000002　　　　编制日期：2014/3/19　　　　订单编号：dd000002

购货单位	杨帆超市		送货日期	2014/3/19	送货方式	送货上门
收货地址	××区××路××号		收货人	黄×	联系方式	139××××9999
序号	货物编号	名称规格	单位	数量	装卸运要求	备注
1	101001	戴尔键盘/102	个	100		
2	202023	力士香皂/50	块	500		
3	311019	教学仪器	套	20		
出货站点：理货区 D 区						

制单人：赵×　　　　送货人：孙××　　　　收货人签收：

表 4-4-17-1 【　　　　】配送中心出库单（存根联）

出库单编号：ck000002　　　　日期：2014/3/19

购货单位	杨帆超市	联系人	黄×	联系方式		139××××9999
货物编号	名称规格	计量单位	出库数量	单价	金额	备注
101001	戴尔键盘/102	个	100			
202023	力士香皂/50	块	500			
311019	教学仪器	套	20			
合计金额大写：肆万伍仟元整			¥45000.00			

核算员：钱×　　　　送货员：孙××　　　　仓管员：吴×　　　　制单人：李××

表 4-4-17-2 【　　　　】配送中心出库单（记账联）

出库单编号：ck000002　　　　日期：2014/3/19

购货单位	杨帆超市	联系人	黄×	联系方式		139××××9999
货物编号	名称规格	计量单位	出库数量	单价（元）	金额（元）	备注
101001	戴尔键盘/102	个	100	200.00	20000.00	
202023	力士香皂/50	块	500	10.00	5000.00	
311019	教学仪器	套	20	1000.00	20000.00	
合计金额大写：肆万伍仟元整			¥45000.00			

核算员：钱×　　　　送货员：孙××　　　　仓管员：吴×　　　　制单人：李××

表 4-4-17-3 【　　　　　】配送中心出库单（台账联）

出库单编号：ck000002　　　　　　　　　　　　日期：2014/3/19

购货单位	杨帆超市	联 系 人	黄×	联系方式	139××××9999	
货物编号	名称规格	计量单位	出库数量	单价（元）	金额（元）	备　注
101001	戴尔键盘/102	个	100			
202023	力士香皂/50	块	500			
311019	教学仪器	套	20			
合计金额大写： 肆万伍仟元整			¥45000.00			

核算员：钱×　　　送货员：孙××　　　仓管员：吴×　　　制单：李××

② 送货人员接到送货信息后根据送货时间、送货量和地址组织调度车辆、规划送货路线，并派车到指定地点装货。车辆到达装货地点后根据送货单上的货物信息清点货物并组织装货，同时配合理货人员完成货物出库，主要是在对方提供的出库单上签字确认。

③ 理货员办理完出库手续后，把出库单记账联和台账联分别交给财务核算员和仓管员，核算员和仓管员分别确认信息并签字。

（15）送货员装货完毕后，连同送货单一起交给客户，客户验收货物后在送货单上签字确认，送货员拿回送货单交给财务部进行费用结算。

（16）仓管员拿到出库单后可以进行台账登记。如果是月底汇总登记，只需在月底汇总全月各种货物的出入库数量，最后计算出结余数，但是这样做不易随时了解库存情况。所以建议建立库存台账明细表（见表 4-4-18），采取“一货一册”的方式进行逐笔登记。这样做虽然比较麻烦，但是可以随时掌握库存情况，便于组织订货和存货分配查询。

表 4-4-18-1 【　　　　　】配送中心库存明细登记表（数量金额式）

存货分类：洗涤 202　　　货物编号：202023　　　名称规格：力士香皂/50

计量单位：块　　　仓位：DA101

日　期	摘　要	入　库		出　库		结　余		备　注
		数　量	金　额	数　量	金　额	数　量	金　额	
2014/3/11	期初结余					280		
2014/3/12	向齐力商贸发货			50		230		
2014/3/16	向优教进货	150	675			380		
2014/3/19	向优教进货	1000	4500			1380		
2014/3/19	向杨帆发货			500	2250	880		

表 4-4-18-2 【　　　　　】配送中心库存明细登记表（数量金额式）

存货分类：仪器 311　　　　货物编号：311019　　　　名称规格：教学仪器

计量单位：套　　　　仓位：GT203

日　期	摘　要	入　库		出　库		结　余		备　注
		数　量	金　额	数　量	金　额	数　量	金　额	
2014/3/11	期初结余					20		
2014/3/12	向齐力商贸发货			5		15		
2014/3/16	向优教进货	15	8850			30		
2014/3/19	向杨帆发货			20	11800	20		

表 4-4-18-3 【　　　　　】配送中心库存明细登记表（数量金额式）

存货分类：电子 101　　　　货物编号：101001　　　　名称规格：戴尔键盘/102

计量单位：个　　　　仓位：QX112

日　期	摘　要	入　库		出　库		结　余		备　注
		数　量	金　额	数　量	金　额	数　量	金　额	
2014/3/11	期初结余					70		
2014/3/12	向齐力商贸发货			20		50		
2014/3/16	向优教进货	60	6000			110		
2014/3/19	向杨帆发货			100	10000	10		

（17）财务人员收到送货人员的送货单后办理货款回收和送货费用结算，如表 4-4-19 和表 4-4-20 所示。

表 4-4-19 【　　　　　】配送中心销售出货收款单

客　户	杨帆超市		出货状态	在库□ 在途□ 送达□	
销货金额	45000.00	收款金额	45000.00	收款方式	现金
收款日期	2014/3/19	付款人签字	黄×	财务核算员	钱×
备　注					收款单编号
					Skd00001

表 4-4-20 【　　　　　】配送中心销售配送变动费用结算单

结算单编号：fyjs00001　　　　日期：2014/3/19

客户名称	杨帆超市			
销 售 额	45000.00			
销售配送费用比例	10%			
销售配送费用	4500.00			
送货人员	孙××			
结算人员签字	孙××			
财务核算	钱×			

单位主管：胡××　　　　财务负责人：李×　　　　审核：成×　　　　制表：钱×

（18）财务人员登记现金明细账（见表 4-4-21）。

表 4-4-21 【　　　　】配送中心现金明细账

单位：元

2014 年		凭证号	摘　　要	核 √	收入金额	支出金额	结存金额
月	日						
3	1		期初结余				200000.00
3	16	Zfd00001	支付优教商贸货款			15525.00	
3	19	Zfd00002	支付优教商贸货款			4500.00	
3	19	Skd00001	收取杨帆货款		45000.00		
3	19	fyjs00001	支付杨帆配送费用			4500.00	

负责人：李×　　　　记账：钱×

（19）财务人员根据当月发生的各项业务核算本月经营效果。

① 计算本月累计销售收入。销售收入来源于“销售出货收款单”上的销售金额，本月销售收入累计净额为 45000.00 元。

② 计算本月累计销售成本。销售成本来源于销售商品的入库成本，本月销售成本如下。

戴尔键盘/102：100×100=10000.00（元）。

力士香皂/50：500×4.5=2250.00（元）。

教学仪器：20×590=11800.00（元）。

销售成本总计为 24050.00 元。

③ 计算本月销售毛利。本月销售毛利=45000.00−24050.00=20950.00（元）。

④ 计算本月销售配送费用。销售配送费用来源于费用结算单中列明的变动费用和设定的固定费用部分，本月销售配送变动费用累计金额为 4500.00，固定销售配送费用为 120000.00 元，总计为 124500.00 元。

⑤ 在配送中心不产生其他费用的情况下计算本月净利润。

净利润=销售毛利−销售配送费用=20950−124500=−103550.00（元）。

（20）为了在本实训项目环节制造市场化气氛，客户利用自己手中的 50000.00 元资金购买配送中心的货物后，要以一定的价格出售，从中获得价差收益，指导教师根据货物的成本、成交价及成交数量计算出客户出售货物的价格。各客户完成货物销售后填列表 4-4-22。如本次客户销售价格为戴尔键盘/102 型 300 元/个；力士香皂/50 型 13 元/块；教学仪器 2000 元/套。杨帆超市销售金额为 100×300+500×13+20×2000=76500.00（元）。

表 4-4-22　购销差额

客户姓名	杨帆超市黄×	购货来源	
累计购货金额	45000.00	累计销售金额	76500.00
购销差额	累计销售金额−累计购货金额=76500−45000=31500.00（元）		
购销差额在本次客户中排名为		指导教师签字	

4.3　项目评价

项目完成组		项目名称		完成时间	
项目完成情况	是否完成	资料是否齐全	人员参与度	有无差错	完成质量
	是□否□	是□　否□	高□低□	有□无□	高□一般□
项目主要问题分析	问题				
	原因				
	正确做法				

4.4　项目考核

被考核组名称			考核项目名称			
考核内容	订单信息确认		单据内容完整性	单据流程	人员分工协作	纪律
考核评价（100分）						
小组总评						
被考核个人姓名		岗位		所属部门		
考核内容	个人评价	小组评价	教师评价	工作难度	作业质量	个人表现
考核评价（100分）						
个人总评						
综合评价得分		综合得分=（小组总评+个人总评）/2				

项目五

退货作业

5.1 项目准备

1. 项目目标

（1）熟悉并掌握退货作业流程。

（2）能够依据退货理由安排退货处理。

（3）能够正确填写、处理退货单。

2. 项目内容

退货理由判断、退货单据填写和传递、退货作业处理、退货结算等。

3. 项目环境

（1）货架及各种类型的货物。

（2）叉车、搬运车等装卸搬运工具。

（3）退货单、退货处理单。

（4）各种仿真教学资料。

5.2 项目实施

1. 项目组织

本项目由各组轮流进行，实施小组按照前项人员分工进入各岗位，其他小组扮演客户，负责提出退货理由，并在场内观摩监督实施小组的作业。一组人员完成作业后，实施小组根据时间安排本组人员进行轮岗，再开始第二组退货的处理。所有项目内容在指导教师的指导下由组长领导组员实施。

2．情景描述

由于各种原因，客户可能提出退货申请，配送中心要安排相应的岗位处理客户的退货申请。如果客户的退货理由成立，业务员要进行退货处理，明确告诉客户退货处理的办法和时间，并填写退货单，安排人员收回退货，并给客户安排退款。

3．项目流程

（1）实施小组进驻配送中心，各岗位人员按照配送中心布局上岗。

（2）小组协定退货策略。

（3）客户提出退货，并告知业务员理由。

（4）业务员结合退货策略判断是否退货，如不属退货范畴，向客户做出解释，并填写客户退货接待单；如属退货范畴，填写客户退货单，并启动退货作业。

（5）业务员提示运输人员回收货物，并办理货品入库（注意：先入“待处理货品库”）。

（6）将一份退货单交给业务部主管，主管签字后交给客户办理退款。

（7）业务部进行退货货物的处理，如货品没有质量问题，则从“待处理货品库”转入一般库，如属问题货，则采取不同的处理办法。具体的办法有修理、退回生产商或当次废品处理等，由此造成的损失由相关责任人承担或由企业承担，并计入其他损失账。

（8）财务部和仓储部完成相应的货品入库和资金支付。

4．辅助资料

（1）客户退货接待单（见表4-5-1）。

（2）客户退货单（见表4-5-2）。

（3）退货处理单（见表4-5-3）。

表4-5-1 【　　　　】客户退货接待单

客户名称：　　　　　　　　日期：　年　月　日　　　　　　　　编号：

商品名称		送达日期		送达地点	
退货原因					
退货凭证	发票□　送货单□　配送协议□　验货证明□　货损证明□　其他□				
不予受理原因说明					

业务主管：　　　　　　　　　　　　　　　　　　　　　　受理人：

表 4-5-2　【　　　　　】客户退货单

客户名称：　　　　　　　　　　日期：　年　月　日　　　　　　　　　编号：

序　号	商品名称		规格型号	数　量	送达日期	退货原因说明
退货凭证	发票□　送货单□　配送协议□　验货证明□　货损证明□　其他□					
受理人			处理办法	维修□　退换□　退货□		
业务主管						
退货分析						

表 4-5-3　【　　　　　】退货处理单

客户名称：　　　　　　　　　　日期：　年　月　日　　　　　　　　　编号：

商品名称		商品数量		送货单号	
出库单号		拣货单号		订 单 号	
受理人		处理办法	维修□	退换□	退货□
退货安排	退厂家暂存退货区□　正常入库□　需维修入待修区□　处理入处理区□　其他：				
责任人				业务主管	
备注					

5．操作步骤

（1）实施小组进驻配送中心，依据前项安排、场地中心布局，组织人员各就各位，填写表 4-5-4。

表 4-5-4　实施小组岗位职责设置及人员定岗表

组　别	极速	总 人 数	20	组　长	胡××
岗　位	人员姓名	岗位职责			所属部门
业 务 员	赵×、胡××	接收、审查订单，存货分配，传递拣送货信息			业务部
拣 货 员	李×	接收拣货单，并分拣货物至指定的理货区			仓储部
理 货 员	成××	依据拣货单整理、复核出库货物，制作出库单、办理出库手续，汇总上交出库单			仓储部
仓 管 员	吴×	登记台账，组织货物清查			仓储部
送 货 员	孙××	组织送货、送达服务			运输部
核 算 员	钱×	登记账簿，核算成本，确认收入			财务部
营 销 员	师×	推销产品与服务，签订销售订单			业务部
退 货 员	麻×	办理货物退货，联系客户处理退货			售后部

（2）本组各成员依据岗位分工填写表 4-5-5。

表 4-5-5　各小组成员的岗位及职责

组　名		姓　名		性　别		年　龄	
岗　位		所属部门		部门负责人签字			
岗位职责							

（3）本组组长与组员共同确定退货策略，如表 4-5-6 所示。

表 4-5-6　【　　　　　　】退货策略

退货策略一	货物不存在货损货差，客户没有正当理由，或凭据不全，不予退货，受理人处理
退货策略二	货物存在货损，责任在我方，考虑维修、换货或原价退货，决定权在业务主管
退货策略三	货物存在货差，责任在我方，考虑换货或原价退货，决定权在业务员
退货策略四	货物存在货损、货差，责任在客户，考虑收费维修或不予受理，决定权在业务员
退货策略五	
退货策略六	
策略说明	所有退货都需要发票或送货单，送达后超过 60 天不予办理退货

中心主管：　　　　　　　　　　　　　　　　　　启用日期：

（4）2014 年 3 月 22 日，杨帆超市电话告知 2014 年 3 月 20 日所送货物存在问题，自述理由是戴尔键盘/102 的数量少 10 个，戴尔键盘/103 的数量多 10 个。业务员登记业务数据，并告知查实后回复对方。退货员初步判断系我方送货失误，之后便登记退货单，如表 4-5-7 所示。

表 4-5-7　【　　　　　　】客户退货单

客户名称：杨帆超市　　　　　　　　日期：2014 年 3 月 22 日　　　　　　　　编号：th000001

序　号	商品名称	规格型号	数　量	送达日期	退货原因说明
1	戴尔键盘/103	103 型	10	2014.3.20	送错货，应为 102 型
退货凭证	发票□	送货单□　配送协议□	验货证明□	货损证明□	其他□
受 理 人	麻×	处理办法	维修□	退换□	退货□
业务主管	胡××				
退货分析	可能是拣货人员检错货物，待查				

（5）退货员经过查询相关单据，发现杨帆超市所说情况基本属实，系我中心拣货人员检错货物，检核人员又没有仔细核对所致，随后填写退货处理单，提出处理意见（如退货策略二），并在备注中注明换同等数量戴尔键盘/102 型，尽快送货给客户，如表 4-5-8 所示，交主管签字审批。

表 4-5-8　【　　　　　】退货处理单

客户名称：杨帆超市　　　　日期：2014 年 3 月 22 日　　　　编号：thcl000001

商品名称	戴尔键盘/103	商品数量	10	送货单号	Sh000002
出库单号	Ck000002	拣货单号	Jh000002	订 单 号	Dd0000002
受理人	麻×	处理办法	维修□	退换□	退货□
退货安排	退厂家暂存退货区□ 正常入库□ 需维修入待修区□ 处理入处理区□ 其他：				
责任人	仓储部李×、陈××			业务主管	胡××
备注	安排置换戴尔键盘 102 型 10 台，尽快送给客户				

（6）根据处理策略安排，告知客户处理流程，主要是协商安排车辆提回退货，对差缺的货物采取补货或者退款的处理办法，经协商，客户同意换货。退货员依据退货处理单填写拣货单、送货单，组织给客户的送货和提回退货，这里只示例送货单，如表 4-5-9 所示。

（7）送货员完成送货后，返回送货单给业务部，业务部据此开具进货单，送货员按进货单要求送货至所列入库仓库，完成入库业务。

（8）依据前面退货处理单处理意见，由业务主管出具处罚决定，并送达一份给责任人，一份送交财务，据此从工资中扣款。

表 4-5-9　【　　　　　】配送中心送货单

送货单编号：sh000003　　　　编制日期：2014/3/22　　　　订单编号：thcl000001

购货单位	杨帆超市		送货日期	2014/3/19	送货方式	送货上门
收货地址	××区××路××号		收 货 人	黄×	联系方式	139××××9999
序　　号	货物编号	名称规格	单　　位	数　　量	装卸运要求	备　　注
1	101001	戴尔键盘/102	个	10		请置换回戴尔键盘/103 型 10 个
2	202023	力士香皂/50	块	500		
3	311019	教学仪器	套	20		
出货站点：理货区 D 区						

制单：麻×　　　　送货人：孙××　　　　收货人签收：

5.3　项目评价

项目完成组			项目名称		完成时间	
项目完成情况		是否完成	资料是否齐全	人员参与度	有无差错	完成质量
		是□否□	是□　否□	高□低□	有□无□	高□一般□
项目主要问题分析	问题					
	原因					
	正确做法					

5.4 项目考核

被考核组名称			考核项目名称			
考核内容	退货单使用	单据内容完整性	单据流程	人员分工协作	纪律	
考核评价（100分）						
小组总评						
被考核个人姓名		岗位		所属部门		
考核内容	个人评价	小组评价	教师评价	工作难度	作业质量	个人表现
考核评价（100分）						
个人总评						
综合评价得分		综合得分=（小组总评+个人总评）/2				

模块五

物流综合设计实训

模块基本目标

<table>
<tr><th>知识目标</th><th>职业技能目标</th></tr>
<tr><td>• 熟悉物流中心的职能及基本结构。
• 掌握物流中心设备的操作原理。
• 掌握物流中心的基本作业流程。
• 了解流程中各项工作任务的特点与相互之间的关系。
• 熟悉仓储、配送、运输、采购作业所遵循的基本原则。
• 熟悉物流中心所需的基本物流资源和配置要求。</td><td>• 独立或与他人合作完成物流组织机构的设置。
• 独立完成物流中心区域规划、物流设施设备的配置。
• 货位的编号和储位的分配能力。
• 根据客户的需求，与他人合作完成物流方案的设计。
• 以团队合作的方式进行物流方案的实施。
• 根据工作任务要求选择和使用物流设备，高效完成仓储与配送任务。
• 能迅速适应仓储联动作业的各个岗位，对相关的业务，如订单、仓储、搬运、拣选等，有比较深刻的了解，并能独立完成整个流程操作。
• 能够进行物流运营诊断与优化。
• 自我发展、自我规划的能力。</td></tr>
<tr><th colspan="2">职业素质养成目标</th></tr>
<tr><td>• 具有爱岗敬业、吃苦耐劳的职业道德和科学态度。</td><td>• 具有良好的与人沟通的能力。
• 树立正确的学习态度，形成自我设计的能力。</td></tr>
</table>

模块实训项目

项目分解	项目名称	主要内容	建议学时
项目一	物流中心区域规划与设施设备配置	物流中心布局俯视图，各库区的作用、容量、利用率，提出改进方案，物流中心设施设备配置图、配置评价，撰写调研报告，修改方案等	10 学时
项目二	物流方案设计	物动量 ABC 分类、制定货物组托示意图、货位存储图、订单有效性分析、客户优先权分析、库存分配计划表、生产拣选（货）单、绘制月台示意图、编制预算表等	10～15 学时
项目三	物流方案实施	分组实施、计时统计、工作准备、货品准备、设备选型等	10～15 学时

项目一

物流中心区域规划与设施设备配置

1.1 项目准备

1. 项目目标

（1）了解物流中心仓库布局设计的原则和方法。

（2）通过实地调研仓库的基本情况，能够画出仓库布局图。

（3）能够判断仓库布局合理性，并提出修改方案。

（4）通过实地调研仓库设施设备配置的基本情况，画出配置图。

（5）撰写综合调研报告。

2. 项目内容

组内分工合作完成任务，绘制物流中心仓库平面布局图，画出仓库设施设备配置图，对物流中心进行空间布局合理性分析，并提出优化方案。

3. 项目环境

（1）联系可参观的仓库（尽量是存储方式较多的仓库）。

（2）指导教师向学生介绍物流实验室仓储硬件设备组成。

（3）可观看录像的多媒体教室。

（4）画图工具，包括纸张、铅笔、直尺、圆规、橡皮等。

1.2　项目实施

1．项目组织

本项目分组进行，每小组可以由 8～15 人组成，每组设组长一名，所有项目内容在指导教师的指导下由组长领导组员实施。

2．情景描述

对物流企业进行调研或观察本校物流实训基地的布局，画出仓库布局俯视图和仓库设施设备配置图，了解各库区的作用、容量、利用率，判断该仓库布局是否合理，找出原因，提出改进方案。

3．项目流程

（1）实地调研某仓库设施设备布置。

（2）画出该仓库设施设备配置图。

（3）评价该仓库的设施设备配置是否合理。

（4）撰写调研报告，提出修改方案。

4．辅助资料

（1）仓库的主要设备包括货架、叉车、托盘、起重机、堆垛机等。如果是自动化仓库，其基本设施包括仓库建筑与高层货架，巷道堆垛起重机，周边搬运系统（搬运机、自动导向车、叉车、台车、托盘等），控制系统。

（2）仓库布局的功能要素。

① 仓库位置应便于货物的入库、装卸和提取，库内区域划分明确、布局合理。

② 集装箱货物仓库与零担货物仓库尽可能分开设置，库内货物应按发送、中转、到货分区存放。

③ 要有利于提高装卸机械的装卸效率，满足先进的装卸工艺和设备的作业要求。

④ 仓库应配置必要的安全、消防设施，以保证安全生产。

⑤ 仓库货门的设置，既要考虑集装箱和货车集中到达时的装卸作业要求，又要考虑由于增设货门而造成堆存面积的损失。

（3）仓库的总体构成。

一个仓库通常由生产作业区、辅助生产区和行政生活区三大部分组成。

① 生产作业区是仓库的主体部分，是商品储运活动的场所。主要包括储货区、铁路专运线、通道、装卸台（单独站台和库边站台）。

② 辅助生产区为商品储运保管工作服务的辅助车间和服务站，包括车库、变电室、油库、维修车间等。

③ 行政生活区是仓库行政管理机构和员工休憩的生活区域。一般设在仓库入口附近，便于业务接洽和管理。

（4）对货区和非保管场所进行布置。

根据货品的性质决定货区的数量和具体位置；非保管场所一般设在仓库入口附近，便于业务接洽和管理，与货区和生产作业区分开，并保持一定距离，以保证仓库的安全及行政办公和居民生活的安静。

5．操作步骤

（1）观察仓库设施设备整体布置，画出仓库布局俯视图（有条件的，也可利用软件制作仿真模型）。

（2）画出该仓库设施设备组成及安排，标明各自型号和目前的用途，询问设备管理方式。

（3）在调研报告中详述各库区的作用，估计各存储区的货位容量和收发作业区的场地容量，观察其利用率。

（4）收集货物种类、作业量等数据，评价该仓库设施设备的配置和数量比例。

（5）收集各类存储区货物的历史出入库数据，计算平均库存量和所需货位容量，对比现状判断各区大小划分是否合理。

（6）观察各类存储区货物出入库路线和频率，判断各区位置布局是否合理。

（7）观察安全措施是否完备，是否有消防通道、灭火器材、安全规定等。

（8）撰写综合调研报告，综合评价该仓库的整体布局，包括空间利用率、区域位置，进而提出修改方案。

1.3　项目评价

<table>
<tr><td colspan="2">项目完成组</td><td></td><td>项目名称</td><td colspan="2"></td><td>完成时间</td><td></td></tr>
<tr><td colspan="2" rowspan="2">项目完成情况</td><td>是否完成</td><td>资料是否齐全</td><td colspan="2">人员参与度</td><td>有无差错</td><td>完成质量</td></tr>
<tr><td>是□ 否□</td><td>是□　 否□</td><td colspan="2">高□ 低□</td><td>有□无□</td><td>高□一般□</td></tr>
<tr><td rowspan="3">项目主要问题分析</td><td>问题</td><td colspan="2"></td><td colspan="2"></td><td colspan="2"></td></tr>
<tr><td>原因</td><td colspan="2"></td><td colspan="2"></td><td colspan="2"></td></tr>
<tr><td>正确做法</td><td colspan="2"></td><td colspan="2"></td><td colspan="2"></td></tr>
</table>

1.4　项目考核

1．过程。考查工作态度、效率、规范性、安全性，如表 5-1-1 所示。

表 5-1-1　过程考核表

评分标准	小组评分	评　价
1.能够快速领会任务并进入角色（10 分）		
2.合理分工合作（10 分）		
3.能够发现问题并修正（10 分）		
4.设计符合仓库布局基本原则（10 分）		
总计		

2．成果。考查质量，如表 5-1-2 所示。

表 5-1-2　成果考核表

评分标准	小组评分	评　价
布局图清楚，标识准确（10 分）		
数据收集充分适用（10 分）		
计算逻辑清晰，结果正确（10 分）		
调研报告内容翔实，分析合理（10 分）		

3．团队总结。考查学生收获和思考程度，如表 5-1-3 所示。

表 5-1-3　团队总结表

班　级		组　别		组　长	
团队收获					
组长意见					
备　注					

项目二

物流方案设计

2.1 项目准备

1. 项目目标

（1）掌握仓储配送中心整体作业流程。

（2）能够以实体企业为配送对象，按照物流职业技能大赛的流程，进行储配方案设计。

（3）根据所获取的储存、配货的场地、货物、货架、托盘、各种包装箱、叉车、手推车、月台、客户、客户需求、配送车辆、配送点及路径信息、安全要求等相关信息，制定储存与配送作业优化设计方案。

2. 项目内容

进行分工并做好工作准备；根据所获取的储存、配货的场地、货物、货架、托盘、各种包装箱、叉车、手推车、月台、客户、客户需求、配送车辆、配送点及路径信息、工时资料、租赁费、货位占用费、外包咨询服务费、安全要求等相关信息，进行分析处理；进行货位优化及制定货物入库方案；编制拣选作业计划，进行订单处理及生成拣选单；路线优化方案；配装配载方案；撰写外包委托书；编制可实施的储配作业计划；预测出实施方案可能出现的问题和应对方案。

3. 项目环境

（1）物流设备，包括叉车、堆垛机、RF 手持设备、手推车等。

（2）笔、纸等办公用具。

（3）各种货架、货物、周转箱。

（4）各种仿真教学资料。

2.2 项目实施

1. 项目组织

本项目分组进行，每小组可以由3～4人组成，每组设主管一名，仓管2～3人，所有项目内容在指导教师的指导下由主管领导组员实施。

2. 情景描述

2017年4月9日早上8时，石化物流配送中心仓库CK01负责人收到五洲超市的发货通知单，包括13.3寸笔记本电脑8箱、绿色皂盒10箱、三星DVD 8箱、HP键盘14箱、HP微型计算机15箱，于2017年4月10日早上9点发至其仓库。

同时下午两点收到真善美超市和阳光超市的入库通知单，截至6时收到的货物，其中，13.3寸笔记本电脑7箱、三星DVD 12箱、绿色皂盒25箱、HP键盘50箱、HP微型计算机25箱。同时收到惠民超市的入库通知单，其中，需要13.3寸笔记本电脑6箱、三星DVD 2箱、绿色皂盒8箱、HP键盘15箱、HP微型计算机10箱。仓库负责人根据入库情况编制单号为RKD001的入库单。

4月9日凌晨，仓库内货物存量详情如下。

产品编号	CHB001	13.3寸笔记本电脑8箱，存放在CK01仓库gt0202货位
产品编号	CHB002	绿色皂盒10箱，存放在CK01仓库zx0302货位
产品编号	CHB003	三星DVD 8箱，存放在CK01仓库zx0303货位
产品编号	CHB004	HP键盘14箱，存放在CK01仓库zx0102货位
产品编号	CHB005	HP微型计算机15箱，存放在CK01仓库gt0101货位

3. 项目流程

（1）主管对订单有效性及客户优先权进行分析，编制库存分配计划表、物动量ABC分类表。

（2）仓管1制定货物组托示意图，进行车辆选型，编制配载图。

（3）仓管2编制货位存储图、托盘条码、拣选单。

（4）仓管3编制作业计划、月台码放示意图。

4. 辅助资料

（1）订单有效性分析。

根据订单价格金额、客户信用额度、应收账款等数据信息，若交期要求无法实现、累计应收款超过信用额度、数据信息错误三种情况视为无效订单，最后得出订单有效性分析结果，如表 5-2-1 所示。

表 5-2-1　订单有效性分析表

公　　司	真善美超市	五洲超市	阳光超市	惠民超市
信用额度（万元）	100	150	120	80
应收账款（万元）	80	125	90	65
允许超出金额（万元）	20	40	30	15
订单金额（万元）	1.14	1.18	1.15	1.01
是否超出	未超	未超	未超	未超
订单有效性分析	有效	有效	有效	有效

（2）客户优先权分析。

客户类型优先级说明：子公司＞战略合作＞A＞B＞C。客户信誉度优先级说明：优＞良＞中＞差。客户优先级评价权重：客户类型占 40%。上年度该客户业务量占总业务量的 30%，合作年限占 15%。根据上述信息可以得出各客户的优先权排序，如表 5-2-2 所示。

表 5-2-2　客户优先权分析表

	真善美超市	五洲超市	阳光超市	惠民超市	权重级别
客户级别	B	A	A	B	1
订单价值（元）	11400	11800	11500	10100	2
优先次序	3	1	2	4	

注：根据客户级别及订单价值分析得出客户出货优先次序为：五洲超市＞阳光超市＞真善美超市＞惠民超市。

（3）库存分配计划表。

根据现有库存，结合客户需求及客户优先权排序，为客户分配库存量，详见表 5-2-3。

表 5-2-3　库存分配计划表

库存分配计划表								
序号	货物名称	现有库存量	客户分配量				出库量	库存量
			真善美超市	五洲超市	阳光超市	惠民超市		
1	13.3 寸笔记本电脑	45	7	10	9	6	32	13
2	三星 DVD	12	4	8	5	2	19	−7
3	绿色皂盒	25	6	10	8	8	32	−7
4	HP 键盘	50	5	14	6	15	40	10
5	HP 微型计算机	25	0	15	5	0	20	5
合计		157	22	57	33	31	143	

（4）月台码放示意图。

根据配送线路、客户分布、商品性质等，将货物码放在月台，等待装车，如图 5-2-1 所示。

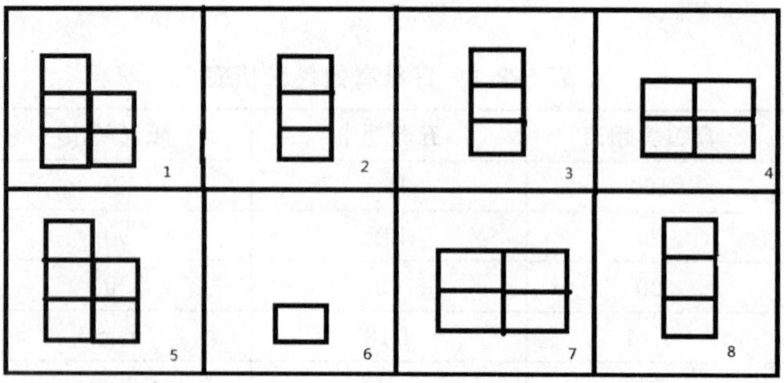

图 5-2-1　月台码放示意图

（5）物动量 ABC 分类表。

根据货物周转量进行统计分析，按照出库数量进行降序排列。累计计算货品出库量占总出库量的百分比。根据物动量 ABC 分类法要求，货品具体分类情况如表 5-2-4 所示。

表 5-2-4　物动量 ABC 分类表

序　号	商品名称	周 转 量	比　　例	累　　计		分　　类
				周 转 量	比　　例	
1	13.3 寸笔记本电脑	520	14.94%	1700	48.85%	B
2	三星 DVD	400	11.49%	2550	73.28%	C
3	绿色皂盒	2300	66.09%	2700	77.59%	C
4	HP 键盘	210	6.03%	1800	51.72%	B
5	HP 微型计算机	50	1.44%	800	22.99%	A
总计		3480	100.00%			

（6）货物组托示意图。

要求画出托盘码放的奇数层俯视图和偶数层俯视图，如图 5-2-2 和图 5-2-3 所示。

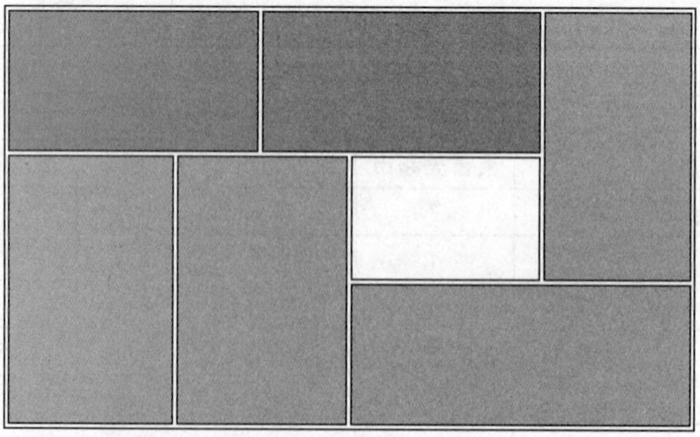

图 5-2-2　货物组托图——奇数层俯视图

图 5-2-3 货物组托图——偶数层俯视图

（7）货位存储图。

根据物动量 ABC 分类结果和同类货物存放在一起的原则，画出货物在仓位上的存储图。要求标注货物存储位置、商品名称及数量，如图 5-2-4 所示。

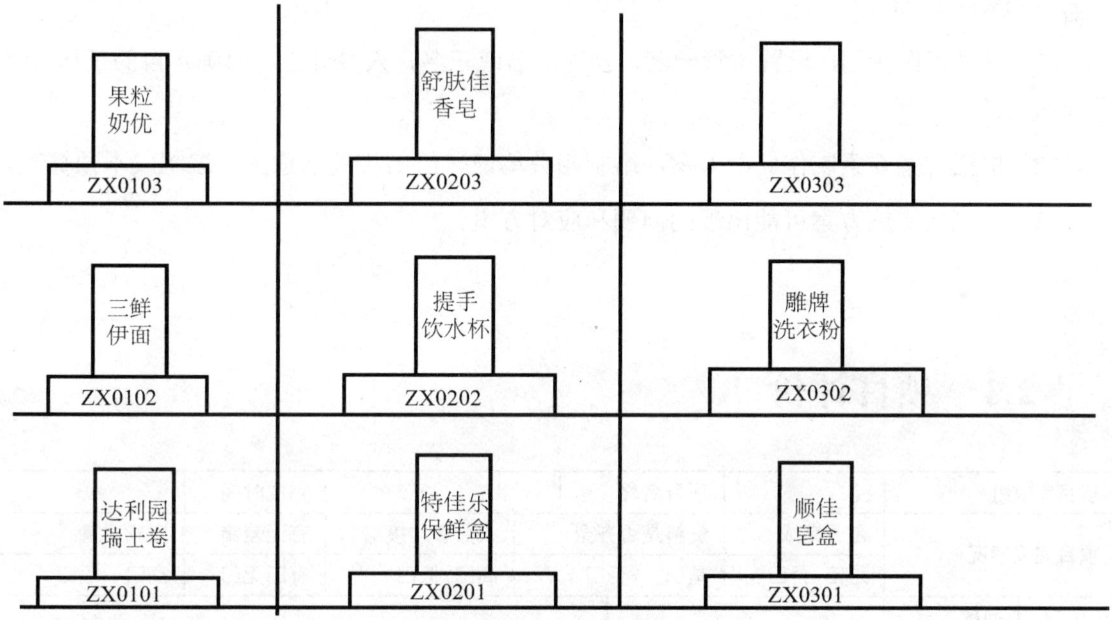

图 5-2-4 货位存储图

（8）成本预算表

仓储成本计算方案包括入库作业成本和出库作业成本之和。注意：由于地牛可以在整个比赛过程中使用，因此出库和入库计算重复，应减去一次地牛成本，得出仓储总成本，如表 5-2-5 所示。

表 5-2-5　成本预算表

工具名称	租赁数量	使用时间/次数	收费标准	成本（元）
人力	4（人）	—	10（元/人）	40
托盘	20（个）	—	3（元/个）	60
物料周转箱	1（个）	—	1（元/个）	1
条码	4（组）	—	2（元/组）	8
手动液压堆高车	1（辆）	4 次	3（元/叉货升降一次）	12
手推车	1（辆）	—	3（元/辆）	3
地牛	1（台）	1800（秒）	0.01（元/台/秒）	18
货位	7	—	5（元/货位）	35
半自动打包机	1（次）	5 次	1（元/次）	5
纸箱	5（个）	—	3（元/个）	15
合计	197 元			

5．操作步骤

（1）安排工作计划，设置主管一名，仓管两名或三名，人员分工，明确各自的工作任务及合作项目。

（2）根据方案要素制作储配方案，缮制相关单证，绘制相关示意图，编制成本预算表。

（3）预测出实施方案可能出现的问题和应对方案。

2.3　项目评价

<table>
<tr><td colspan="2">项目完成组</td><td></td><td>项目名称</td><td colspan="2"></td><td>完成时间</td><td></td></tr>
<tr><td colspan="2" rowspan="2">项目完成情况</td><td>是否完成</td><td>资料是否齐全</td><td colspan="2">人员参与度</td><td>有无差错</td><td>完成质量</td></tr>
<tr><td>是□ 否□</td><td>是□ 否□</td><td colspan="2">高□ 低□</td><td>有□无□</td><td>高□一般□</td></tr>
<tr><td rowspan="3">项目主要问题分析</td><td>问题</td><td colspan="2"></td><td colspan="3"></td><td></td></tr>
<tr><td>原因</td><td colspan="2"></td><td colspan="3"></td><td></td></tr>
<tr><td>正确做法</td><td colspan="2"></td><td colspan="3"></td><td></td></tr>
</table>

2.4　项目考核

序号	方案要素	要素说明	分值（分）
1	封面	题目：现代物流——××作业方案优化设计；参赛组：组长、组员	8
2	物动量 ABC 分类	A 类货物价值占 70%，数量占 10%；B 类货物价值占 20%，数量占 20%；C 类货物价值占 10%，数量占 70%	8
3	制定货物组托示意图	包括奇数层俯视图、偶数层俯视图、主视图	10
4	货位存储图	以货架的排为单位，将货位存储情况反映在储存示意图上	10
5	订单有效性分析	参赛组收到客户订单后，应该先对订单的有效性进行判断，再决定是否进行应收账款、订单金额、信用额度等处理	10
6	问题订单处理意见	问题订单产生后，由主管决定该如何处理，提出处理意见，并签字	8
7	客户优先权分析	当多个客户针对某一货物的要货量大于该货物库存量时，必须对客户进行优先等级划分，确定各个客户的优先等级顺序及处理理由等	10
8	库存分配计划表	根据划分后的客户优先等级，将库存依次在不同的客户之间分配，当某些货物（库存量小于客户要货量）只能部分满足或完全不能满足客户的需求时，应记录与客户沟通的过程及客户要求（紧急采购、紧急配送或下次一并送货）	8
9	拣选（货）单	拣货单设计要规范、项目要齐全；注意效率，拣货单设计应能减少拣选次数、优化拣选路径、缩短拣选时间	10
10	月台示意图	根据客户的订单，画出每个月台的码放示意图	8
11	预算表	包括作业过程中可能发生的各种费用项目及相关的预算金额，以便与实际发生的费用比较，满足预算编制信息的管理	10

项目三

物流方案实施

3.1　项目准备

1．项目目标

（1）能够根据作业任务需求，选择托盘、叉车、手推车等物流设备和工具。

（2）能够执行入库作业计划、出库作业计划。

（3）能够在实施过程中体现物流企业作业过程所需要的专业知识、操作技能、团队合作、精益管理、服务质量与安全意识。

2．项目内容

（1）物流职业能力测评。

主要包括物流基础知识的掌握，物流基本设施设备的认知，物流作业流程的了解，物流作业活动安全注意事项的掌握，物流从业人员的职业道德等。全面评价一个团队对物流职业能力的理解和认识。

（2）实施储存与配送作业设计方案。根据储配方案的设计结果，在实训场地实施方案。选择最佳时机，并根据作业任务需求向租赁中心租赁托盘、叉车、地牛、手推车等设备和工具；购买折板箱和纸箱等包装物；执行入库作业计划；执行出库作业计划。在实施过程中要体现物流企业作业过程所需要的专业知识、操作技能、团队合作、精益管理、服务质量与安全意识。实施方案过程中，可修改方案，也可外包（外包给实训指导教师）。修改方案和外包均将按预定的比例增加成本。以操作规范程度、方案的可行性、方案实施效率、成本核算、服务质量、安全意识等要素为依据，以计算综合成本为评价标准。

3. 项目环境

（1）物流设备，包括叉车、堆垛机、RF 手持设备、手推车等。

（2）场地。合理布局已有的教学场地，模拟立体库房和平面货场，将存储区分为货架区和平面区，货架区里放有重型货架和轻型货架。

（3）各种货架、周转箱、模拟货物、若干纸箱，并标明货物的名称、批号、保质期等信息。

（4）工具。有条件的可以使用条码打印机打印货物条码，没有条件的手写也可以。

3.2 项目实施

1. 项目组织

本项目分组进行，每小组可以由 3～4 人组成，每组设主管 1 名，仓管 2～3 名，所有项目内容在指导教师的指导下由主管领导组员实施。

2. 情景描述

（1）比赛以团队方式进行，每组由 4 名学生组成。其中，主管 1 名，对方案的设计和修订、客户优先等级、外包与否等负主要责任。

（2）物流方案实施持续进行 2 天。首先制定储配方案赛段竞赛，然后进行物流职业能力测评，最后实施储配方案赛段的竞赛。

（3）比赛期间，允许学生在规定时间内按照规则接受指导教师指导。学生可自主选择是否接受指导（外包），接受指导的时间计入竞赛外包工时成本。实训场地开放，允许其他组队员在不影响比赛的前提下按照规定进行现场参观和体验。

（4）赛后点评。各组比赛全部结束后，由实训教师对赛项的技术要点、学生表现、比赛过程等进行点评。

3. 项目流程

（1）学生以组为单位实施物流方案，要求每组 4 人。其中，主管 1 人，仓管 3 人。

（2）主管负责抽签，按照签号安排其他 3 人准备所需设备与货物。

（3）每组要严格按照计划执行储配方案，不得擅自修改，修改计划应由主管提出并实施。

（4）主管提出业务外包，外包后仍无法正常作业的，由主管提出申请退出比赛。

4. 辅助资料

（1）制定储存与配送作业优化设计方案阶段：各参赛组制定储配方案，递交的成果为电子文件和纸质文件，并以打印的纸质文件为准。

（2）实施储存与配送作业设计方案阶段：各组主管记录和填写的各参赛组实施储配方案过程的成本核算表。

5. 操作步骤

（1）比赛分批依次进行。各组队员按照物流知识竞赛成绩高低依次抽签，按照所抽签号进行竞赛。

（2）选出 1 人为主管，其余 3 人为理货员（保管员）。主管对方案的设计、修订、客户优先等级、外包与否等负主要责任，并安排其余 3 人的工作。

（3）根据客户需求，编制货位、物料、设施设备、工具、人工等使用计划，并进行成本核算和时间安排。成本核算精确到分，时间安排精确到秒，结果为整数。

（4）参赛选手要预测出实施方案时可能出现的问题并做出应对方案。

（5）执行方案时，各参赛组选手应严格按照计划执行，不得擅自修改计划，修改计划应由主管提出并实施。修改方案时，3 名选手应停止作业，工作时间连续计算。

（6）主管修改方案后，实施方案仍有困难，可由主管提出外包，外包给实训指导教师继续修改至可行。修改方案时，3 名选手停止作业，工作时间连续计算。

（7）若外包后方案实施仍有困难，无法正常作业的，由主管提出申请退出比赛，经实训教师同意后停止比赛，按预定的比例增加成本。

（8）竞赛中出现不文明、不安全、操作不规范、质量问题、分工协作不合理等现象，均按比例增加成本和费用。

（9）若参赛组在规定的时间内未完成比赛，按未完成比例增加成本和费用。

3.3 项目评价

<table>
<tr><td colspan="2">项目完成组</td><td></td><td>项目名称</td><td></td><td>完成时间</td><td></td></tr>
<tr><td colspan="2" rowspan="2">项目完成情况</td><td>是否完成</td><td>资料是否齐全</td><td>人员参与度</td><td>有无差错</td><td>完成质量</td></tr>
<tr><td>是□ 否□</td><td>是□ 否□</td><td>高□ 低□</td><td>有□无□</td><td>高□一般□</td></tr>
<tr><td rowspan="3">项目主要问题分析</td><td>问题</td><td colspan="2"></td><td colspan="2"></td><td></td></tr>
<tr><td>原因</td><td colspan="2"></td><td colspan="2"></td><td></td></tr>
<tr><td>正确做法</td><td colspan="2"></td><td colspan="2"></td><td></td></tr>
</table>

3.4 项目考核

考核指标	考核标准	分值（分）	得分（分）
工作态度	在整个实训过程中，能够积极主动地参与研究策划、方案制定、方案实施等工作，遵守时间，不怕苦不怕累，勇于克服困难和承担责任，充满自信	20	
工作任务	在整个实训过程中，具有饱满的工作热情，能够按质、按量、按时完成既定的工作任务。勇于承担具有一定难度或者繁重的工作任务	20	
工作能力	在各项实训活动中，表现出良好的创意和较强的工作能力，如组织策划能力、沟通协调能力、经营管理能力等	20	
工作业绩	在实训活动中，学以致用、活学活用，取得理想的实训效果，并为本企业的经营业绩和管理水平作出了较大贡献	20	
合作精神	有良好的团队合作意识，能够与他人融洽地共处、共事，能够学习他人的优点、听取他人意见，能够与他人共享自己的经验，支持和协助他人为了企业共同的目标而努力	20	

模块六

物流技术实训

模块实训任务

- 任务一　叉车操作实训
- 任务二　托盘操作实训
- 任务三　码垛操作实训
- 任务四　条码操作实训
- 任务五　入库操作实训 1
- 任务六　入库操作实训 2
- 任务七　在库操作实训
- 任务八　出库操作实训 1
- 任务九　出库操作实训 2
- 任务十　配送操作实训
- 任务十一　电子标签操作实训 1
- 任务十二　电子标签操作实训 2
- 任务十三　电子标签操作实训 3
- 任务十四　电子标签操作实训 4
- 任务十五　POS 系统操作实训 1
- 任务十六　POS 系统操作实训 2
- 任务十七　自动识别操作实训
- 任务十八　RFID 系统操作实训
- 任务十九　GPS/GIS 系统操作实训 1
- 任务二十　GPS/GIS 系统操作实训 2
- 任务二十一　物流沙盘操作实训
- 任务二十二　物流岗位操作实训
- 任务二十三　揽货业务操作实训

任务一
叉车操作实训

实训设备

手动叉车、托盘、货架、捆扎材料。

实训目的

熟练操作手动叉车。

实训内容

1. 用叉车叉取托盘运送货物。
2. 用叉车叉取托盘上下货架。

实训步骤

1. 将货物置于托盘上，堆码紧固。
2. 叉车对准叉孔，垂直于托盘，将货物运送到指定地点。
3. 用叉车叉取托盘货物上下货架，要对准货架层格，轻取轻放，不得碰撞。
4. 重复以上操作至熟练。

实训报告

1. 操作体会。
2. 叉车在物流中的作用。

任务二

托盘操作实训

实训设备

1100mm×1100mm、1200mm×800mm 的托盘，各种规格的纸箱及辅料。

实训目的

掌握托盘货物的堆码与紧固技术。

实训内容

1．采用重叠式、纵横交错式、旋转交错式、正反交错式堆码方式（见图 6-2-1）。

重叠式　　纵横交错式　　旋转交错式　　正反交错式

图 6-2-1　堆码方式

2．采用捆扎、网罩、加框架、金属卡具、收缩与拉伸薄膜等捆扎方法（见图 6-2-2）。

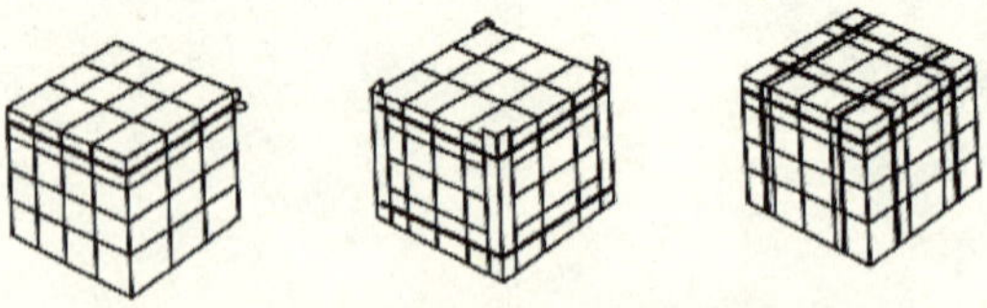

（1）捆扎式

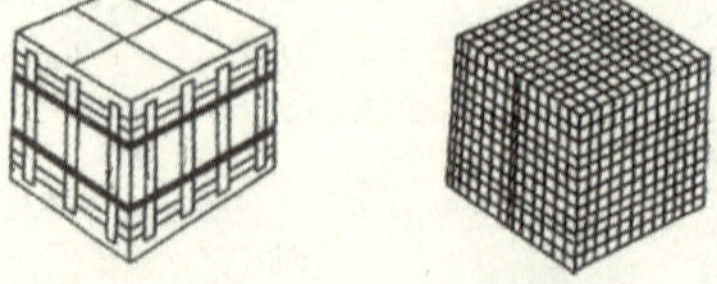

（2）网罩紧固、加框架

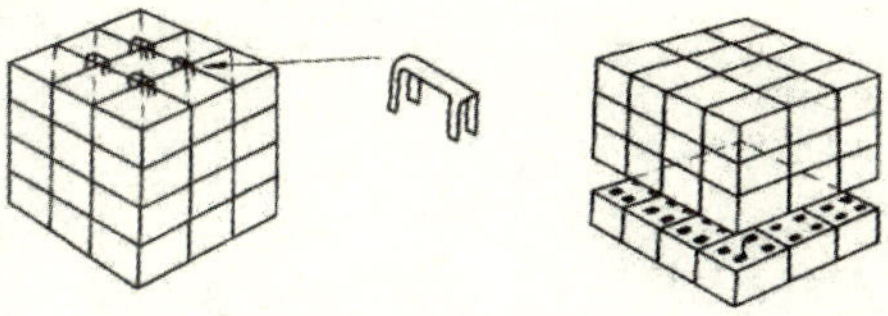

（3）金属卡具

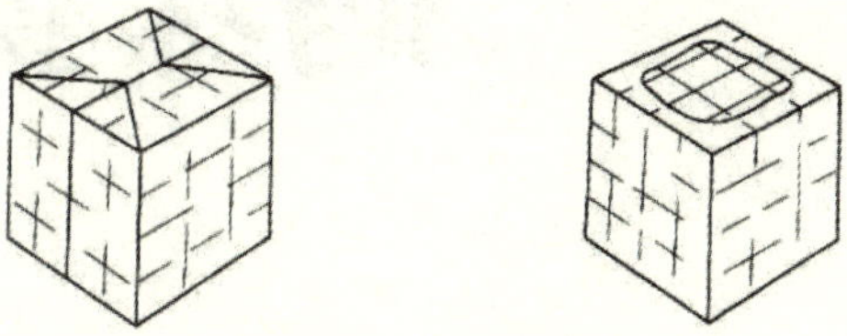

（4）收缩与拉伸薄膜

图 6-2-2　捆扎方法

实训步骤

分组按照图示样式及教师要求进行操作。

实训报告

1. 操作体会。
2. 托盘在物流中的作用。

任务三

码垛操作实训

实训设备

各种裸装及包装货物。

实训目的

掌握货物的各种码垛方法。

实训内容

1．按各种样式进行码垛操作（见图 6-3-1）。

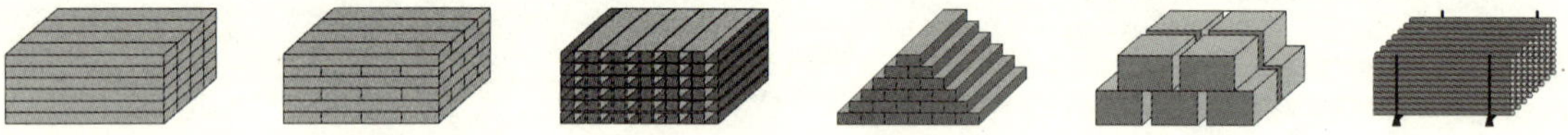

图 6-3-1　码垛操作

2．某仓库进了一批纸箱装奶粉 100 箱。每箱毛重 30kg，箱底面积 $0.3m^2$，箱高 0.25m。纸箱上标志显示允许最大承重 100kg，地坪承载能力为 $5t/m^2$。库房可用高度为 4.5m。分别计算该批货物地面堆存和货架堆放的可堆高存货层数、占地面积及货垛高度。

实训步骤

1．分组按照图示样式及教师要求进行操作。

2．分别计算并堆码。

实训报告

1．操作体会。

2．计算结果。

任务四

条码操作实训

实训设备

计算机（含条码编译软件）、条码打印机、打印纸。

实训目的

掌握各种条码的编写与打印。

实训内容

1. 商品条码、物流条码、店内条码及商品标签的设计、打印。
2. 练习使用条码扫描枪识读条码。

实训步骤

1. 分组上机操作，按照不同的条码要求正确设计与打印商品标签。
2. 打印完商品标签后将其正确地粘贴在物品上，给该物品建档。
3. 用条码扫描枪识读条码。

实训报告

1. 实训过程。
2. 条码在物流中的作用。

任务五

入库操作实训 1

实训设备

计算机、手推车、料箱。

实训目的

掌握入库流程及操作规范。

实训内容

1．货物入库。

2．填写相应单证。

实训步骤

1．验收准备→核对凭证（运单、入库单等）→检验实物（数量、质量）→处理问题（单与货）→记账登录。

2．填写商品入库验收单、商品溢余短缺报告单、商品残缺变质报告单。

3．货物入库，填写货卡，登记实物账。

入库货物资料如表 6-5-1 所示。

表 6-5-1　入库货物资料

商品编号	供应商	品　名	规　格	单　位	数　量	备　注
HP001	万高电子公司	IP 电话机	HCD8889TSDL	台	40	
HP002	永兴达科技公司	CPU 风扇	P4-2003	只	50	
HP003		光驱	GCR-852312	只	40	
HP004		鼠标		只	45	
HP005						
HP006						

实训报告

1．实训过程。

2．实训结果。

任务六

入库操作实训 2

实训设备

计算机（带 WMS 软件）、上位机。

实训目的

掌握货物入库时 WMS 的处理和分仓过程。

实训内容

1．货物入库，用 WMS 软件登记并进行库位分配。

2．发送入库指令至上位机进行入库。

实训步骤

1．登录诺思仓储管理教学软件，打开上位机控制程序，启动出入库管理程序。

2．学生以管理员身份登录系统，接收此单业务并将其存入仓库。

第一步，客户、报价、合约的建立。

（1）在客户管理的客户界面，添加客户。

客户名称	客户编号
诺思资讯科技有限公司	CN061024064（自动产生）

（2）添加客户合同。

客户	深职电子有限公司
费用大类	仓租
散租	10 元人民币/平方米，10 元人民币/立方米，0.01 元人民币/公斤
包租	15 元人民币/平方米，15 元人民币/立方米，0.15 元人民币/公斤
管理	0.1（收取 10%的管理费）

（3）合同审核。

输入合同的有效时间范围：2006 年 4 月 11 日—2008 年 4 月 11 日。

第二步，添加供应商、物料。

（1）在客户管理中添加供应商，即供应商维护。

客户名称	供应商名称	供应商编号
诺思资讯科技有限公司	万德莱数码科技有限公司	PRO061024172（自动产生）

（2）在客户管理中添加物料。

客户	诺思资讯科技有限公司	供应商		万德莱数码科技有限公司	
物料编码	i060610249137（物料条码）	物料名称		液晶屏电话机（4 件/箱）	
规格型号	6922927840016	单位	箱	单价	280 元
币种	人民币	体积	0.04 立方米	毛重	2 公斤
净重	1.8 公斤	产地	深圳	国家	中国

第三步，添加仓库、仓位。

（1）进入仓库管理，添加仓库。

仓库名称	仓库编码	仓库容积	仓库面积
普通仓库	L	25.6 立方米	15.4 平方米

（2）添加区域。

将整个仓库划分为一个区域：L1。

（3）添加库位，如下所示。

仓库名称：普通仓库	仓库名称：普通仓库	仓库名称：普通仓库
仓库编码：L	仓库编码：L	仓库编码：L
仓位编号：L1001	仓位编号：L1002	仓位编号：L1003
仓位容积：0.05 立方米	仓位容积：0.05 立方米	仓位容积：0.05 立方米
仓位面积：0.3 平方米	仓位面积：0.3 平方米	仓位面积：0.3 平方米

第四步，货物入仓。输入入库单资料并完成资料审核。

入库单资料如下。

客户	诺思资讯科技有限公司	供应商	万德莱数码科技有限公司
物料	液晶屏电话机	数量	1
资源调度	略	装卸作业	略

续表

验货作业	略	摆货作业	单击入库单号，进行入库单明细的仓位分配处理，然后单击“发送”按钮，把数据发送到上位机控制中心，等待上位机处理

3．学生使用 WMS 软件操作普通仓库，进行货物入库操作。

第一步，查看入库单。

学生在 WMS 仓库管理软件的自动入库界面，查看入库单。入库单由仓储管理软件自动生成，包括入库单号、物料编码、货位编号。

第二步，自动入库。

（1）放置货物。

入库操作人员在指定位置放置本次入库的所有货物，使用入库条码阅读枪扫描货物条码，并传递给 WMS 软件。

（2）在 WMS 软件的自动入库界面，发送入库指令。

入库操作人员在 WMS 仓库管理软件的自动入库界面，输入本次入库单号，并将入库指定的所有货物逐一搬放到指定的普通仓库的货位上。

4．退出相应程序。

实训报告

1．实训过程。

2．实训结果。

任务七

在库操作实训

实训设备

计算机（带 WMS 软件）、货卡、盘点单、打印机。

实训目的

1．学会 ABC 分类管理法。

2．掌握各种盘点方法的操作规范。

实训内容

1．填写货卡，打印标签。

2．对在库物资进行 ABC 分类。

3．使用多种方法盘点在库物资，并填写商品库存盘点表。

实训步骤

1．将库存物资进行 ABC 分类。

库存物资 3519 种，按每一品种年度采购额从大到小的顺序，排成如表 6-7-1 所列七档，统计每档的品种数和采购金额，用 ABC 分析法确定分类，并给出 A 类库存物资的管理方法。

表 6-7-1　库存物资

每种物资年消耗额 x（万）	品种数（种）	采购额（万元）	每种物资年消耗额 x（万）	品种数（种）	采购额（万元）
$x>6$	260	5800	$2<x\leqslant 3$	170	420
$5<x\leqslant 6$	68	500	$1<x\leqslant 2$	352	410
$4<x\leqslant 5$	55	250	$x\leqslant 1$	2424	670
$3<x\leqslant 4$	95	340			

2．按盘点结果填写商品库存盘点表。

实训报告

1．ABC 分类法及 A 类库存物资的管理方法。

2．库存盘点的方法。

3．商品库存盘点表。

任务八

出库操作实训 1

实训设备

计算机、叉车、托盘、周转箱。

实训目的

掌握出库流程与操作规范。

实训内容

1．审核领料单或出库单。

2．出库作业。

出库货物资料如表 6-8-1 所示。

表 6-8-1　出库货物资料

品　　名	产　　地	规　格	单　　位	数　　量	单价（元）	总价（元）
IP 电话机	万高电子公司	HCD8889TSDL	台	15	35	
CPU 风扇	永兴达科技公司	P4-2003	只	20	10	
光驱		GCR-852312	只	15	80	
鼠标			只	25	25	

实训步骤

1．填写商品出库单或领料单。

2．核对凭证→配货理货→复核查对→出库交接→记账清理。

实训报告

1．实训过程。

2．实训结果。

任务九

出库操作实训 2

实训设备

计算机（带有诺思 WMS 软件）、上位机、模拟超市。

实训目的

掌握货物出库时 WMS 软件的处理程序。

实训内容

1．货物出库，用 WMS 软件选择好从哪些货位出库货物，并把指令发送到上位机。

2．由学生分拣指定货物出库并送至模拟超市。

实训步骤

1．登录诺思资讯科技有限公司仓储管理教学软件，打开上位机控制程序，启动出入库管理程序。

2．学生以综合模拟的身份登录系统，将该货物出库。输入出库单资料并完成资料审核。

出库单资料如下。

客户	诺思资讯科技有限公司	收货单位		诺思资讯科技有限公司	
物料	液晶屏电话机	数量	1	资源调度	略
拣货作业	选择需要进行拣货的出库单，单击“拣货”按钮，进入货物拣选操作。拣货完毕后，选择当前处理的作业单，单击“发送”按钮，把数据发送到上位机控制中心，等待上位机处理				

3．学生使用 WMS 软件系统操作立体仓库堆垛机，使货物自动出库。

第一步，查看出库单。

在 WMS 仓库管理软件的自动出库界面，查看出库单。出库单由仓储管理软件自动生成，包括出库单号、物料编码、货位编号。

第二步，货物出库。

在 WMS 软件系统的自动出库界面，发送出库指令。

出库操作人员在 WMS 仓库管理软件系统的自动出库界面，输入出库单号，学生根据出库单号拣选指定货物出库。

4．退出相应程序。

实训报告

1．实训过程。

2．实训结果。

任务十

配送操作实训

实训设备

叉车、托盘、周转箱、货车。

实训目的

1. 掌握拣货作业的流程。

2. 掌握配送作业的流程。

实训内容

1. 拣货相关操作。

2. 配送相关作业。

配送任务书如表 6-10-1 所示。

表 6-10-1　配送任务书

发货方：					
收货方：			地址：		
发货日期：			送达日期：		
货物编号	货物名称	型　　号	单　　位	数　　量	金额（元）
HP1001					
HP1002					
HP1003					
HP1004					
HP1005					
HP1006					

实训步骤

1．拣货：取单（拣货单）→取装货工具→拣货（摘果式、播种式）→货品定位→货品门店标识→拣货确认（初核）→交单（循环）。

2．配送：车辆定位→取单（送货单）→点货复核（粗点）→装车→出车配送→车辆到店→下货交单→交货对点（细点）→签收确认→车辆离场（继续配送）。

实训报告

1．实训过程。

2．实训结果。

任务十一

电子标签操作实训 1

实训设备

原材料库、电子标签、电子标签控制器、电子标签电源组、计算机（带 WMS 软件）、SQL 数据库。

实训目的

熟悉电子标签的启动及初始化。

实训内容

启动电子标签，基本设置，自检初始化标签。

实训步骤

1．先将电子标签电源组通电，然后打开电子标签控制器电源，硬件准备完毕。单击仓储管理软件中的电子标签程序，进行软件数据管理操作。

2．生产制造企业向供应商采购原材料，经供应商理货台整理，存入原材料仓库。（此过程在环境外部进行）

3．启动诺思资讯科技有限公司仓储管理教学软件服务。

（1）打开 C 盘进入 NosStorage 文件夹。

（2）选择 resin.bat 服务。

备注：启动服务后最小化。

4．启动与电子标签连接的服务。

（1）单击 service.bat 服务器图标。

（2）单击“确定”按钮，进入诺思资讯科技有限公司电子标签拣货系统服务控制程序界面。

（3）打开菜单中的设置，单击通信端口子菜单。

（4）选择电子标签控制器连接的计算机串口（端口号是 COM2），单击“确定”按钮后，再单击“关闭”按钮。

（5）启动服务子菜单。

（6）打开 IE 浏览器，在地址栏中输入“http://服务器 IP 地址：886”，进入诺思仓储管理教学软件登录界面。

（7）单击“登录”按钮，进入系统。

5．电子标签初始化与自检。

（1）选择“仓库管理—标签初始化”选项。

（2）将仓库选择为“电子标签仓库”，将仓位选择为“全部”。

（3）单击“初始化”按钮，弹出对话框，确定后，电子标签硬件会从第一个仓位初始化到最后一个仓位。

（4）自检完毕，系统会返回自检完成的提示，并提示用户进行标签自检操作。

（5）单击“自检”按钮，弹出“系统正在排队处理！请稍后”对话框，确定后，电子标签硬件会从第一个仓位自检到最后一个仓位，自检完成，系统将返回自检结果。

实训报告

1．实训过程。

2．电子货架的作用。

任务十二

电子标签操作实训 2

实训设备

原材料库、电子标签、电子标签控制器、电子标签电源组、计算机（带 WMS 软件）、SQL 数据库。

实训目的

熟悉电子标签原材料仓库的入库操作流程。

实训内容

电子标签物料入库实验。

实训步骤

1．入库资料。

选择“入库管理→入库资料”选项录入入库明细，再选择“表头行记录”选项，进入“表头编辑”界面，然后单击明细进入“明细维护”界面。

2．资料审核。

选择需要审核的入库资料，并审核。审核后的入库资料，将不能修改和删除。要修改或删除，必须取消审核。

3．资源调度。

选择未分配资源的作业单，单击“分配资源”按钮，进入“资源选择”界面。选择相应的资源，单击“保存”按钮，资源的占用数自动增加。入库摆货确认后，将自动释放资源占用数。

4．装卸作业。

选择"入库管理→装卸作业"选项，录入装卸作业单。选择记录，再单击作业单，进入装卸作业单的录入界面，录入完成后单击"保存"按钮即可。

检查装卸作业单时，选择已经查出的入库资料，单击审核。

5．验货作业。

单击子菜单"验货作业"，进入"验货作业"界面；再单击入库单号，进入"验货"界面，输入实收数量；单击"提交"按钮，弹出"本次提交成功"对话框，单击"确认"按钮后，再单击"返回"按钮，返回到"验货作业"界面；选择入库单号，再单击"验货审核"按钮，弹出"验货审核成功"对话框。

6．摆货作业。

进入"摆货作业"模块，单击单号，进入"详细处理"界面，为入库物料安排仓位。

单击每一种物料对应的"仓位"按钮，为物料指定仓位信息。"仓位"按钮为灰色的，表示该仓位已经存放了其他物料。选择仓位，输入该仓位存放物料的数量，单击"提交"按钮，将数据保存到数据库中。依次将所有物料仓位信息都维护完，再单击"返回"按钮，回到"摆货作业列表"界面。

选择入库的单据，单击"发送"按钮，启动电子标签，仓管员将货物存放到点亮的电子标签仓位上。货物存放完毕，系统自动返回入库完毕的信息。

7．入库审核。

选择"入库管理→入库审核"选项，系统在主界面列出所有已完成上游入库流程的业务单，选择业务单可进行审核或取消审核处理。

实训报告

1．实训过程。

2．实训结果。

任务十三

电子标签操作实训 3

实训设备

原材料库、电子标签、电子标签控制器、电子标签电源组、计算机（带 WMS 软件）、SQL 数据库。

实训目的

熟悉电子标签原材料仓库出库处理流程。

实训内容

电子标签物料出库实验。

实训步骤

1．出库资料。

出库资料的维护分为出库资料表头的添加、修改、删除和出库资料明细的添加、修改、删除。

2．资料审核。

选择“出库管理→资料审核”选项，进入“出库资料审核处理”界面，选择“需要审核出库”命令，单击“审核”按钮，系统将自动对出库资料进行审核，审核结果将出库资料状态改为已审核。若后续流程没有处理，可以取消审核。

3．资源调度。

出库资源调度方法同入库资源调度方法。

4．拣货作业。

选择“出库管理→拣货作业”选项，系统将列出出库资料已审核的作业单，对于拣货标记为确认的作业单，可进入拣货操作，单击选择记录，再单击“拣货”按钮进入“拣货操作”界面。

单击记录行操作列的“拣货”按钮，进入详细货物拣选处理界面，列出所需物料的仓位库存情况。用户根据实际情况，到相应货物区选取物料。

系统要求须一次拣够所需物料，如果库存无法满足本次出库要求，则需要修改出库指令。拣选完毕，单击“保持”按钮，返回上一界面。依次拣完作业单内所需出库的物料。

拣货完毕，选择出库记录，单击“执行”按钮，启动电子标签，等待仓管员进行物料的拣选操作。拣选完毕，系统自动返回拣货完毕信息，并自动进行拣货确认。

5．装卸作业。

本模块实现出仓装卸作业单的制作和审核操作，装卸作业单审核后系统将自动计算出应收费用。

6．出库审核。

选择“出库管理→出库审核”选项，系统在主界面列出所有已完成上游出库流程的业务单，选择业务单可进行审核或取消审核，处理单据、资源（作业类型、资源编号、资源名称、开始时间、结束时间）。

实训报告

1．实训过程。

2．实训结果。

任务十四

电子标签操作实训 4

实训设备

原材料库、电子标签、电子标签控制器、电子标签电源组、计算机（带 WMS 软件）、SQL 数据库。

实训目的

熟悉电子标签原材料仓库盘点处理流程。

实训内容

电子标签原材料盘点实验。

实训步骤

1．盘点操作。

选择“在库管理→电子标签库盘点”选项，进入如图 6-14-1 所示界面。

单击“执行”按钮，启动电子标签，系统将点亮图示相对应的所有货物上的电子标签，进行全面盘点处理。

仓管盘点确认处理完毕，系统自动返回盘点完成信息。

2．电子标签盘点差异报告。

选择“在库管理→电子标签盘点差异报告”选项，系统列出所有进行过的盘点报告，选择最新的盘点报告（单击记录行的单据号），查看盘点结果（见图 6-14-2）。

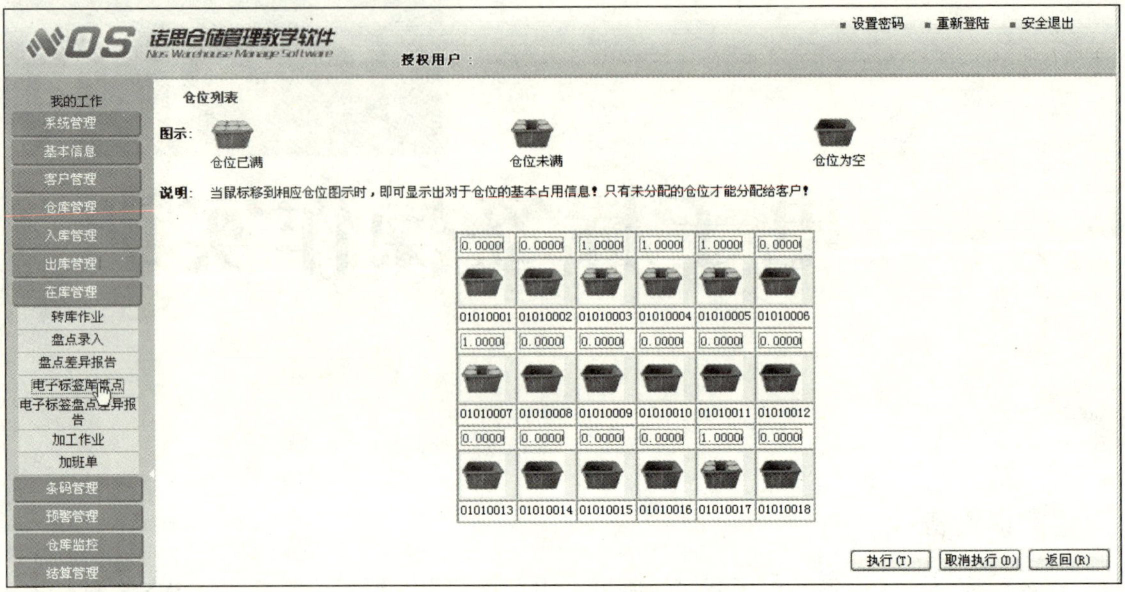

图 6-14-1　电子标签库盘点

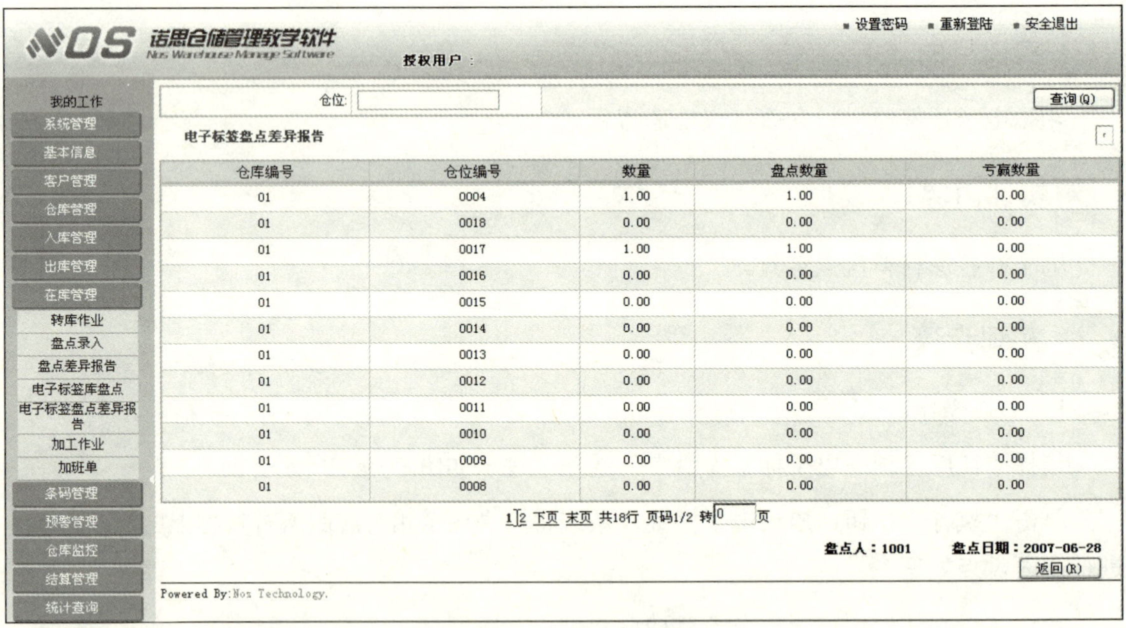

仓库编号	仓位编号	数量	盘点数量	亏赢数量
01	0004	1.00	1.00	0.00
01	0018	0.00	0.00	0.00
01	0017	1.00	1.00	0.00
01	0016	0.00	0.00	0.00
01	0015	0.00	0.00	0.00
01	0014	0.00	0.00	0.00
01	0013	0.00	0.00	0.00
01	0012	0.00	0.00	0.00
01	0011	0.00	0.00	0.00
01	0010	0.00	0.00	0.00
01	0009	0.00	0.00	0.00
01	0008	0.00	0.00	0.00

图 6-14-2　盘点结果

实训报告

1．实训过程。

2．实训结果。

任务十五

POS 系统操作实训 1

实训设备

POS 机，进销存软件，超市货物。

实训目的

熟悉超市收银系统的相关操作。

实训内容

1. 熟悉“信息档案”相关信息的新建、修改与删除。

2. 熟悉“采购管理”相关信息的新建、修改与删除。

3. 熟悉“库存管理”相关信息的新建、修改与删除。

实训步骤

双击“百威 9000 商业管理系统”图标，输入收银员编号（001 或 002）和密码，按回车键进入系统。

1. 选择“信息档案”选项，根据超市货品资料输入相关子栏目。

2. 选择“采购管理→采购订单”选项，根据超市货品资料制作采购订货单。

3. 选择“采购管理→入库验收单”选项，对采购货品进行验收。

4. 商品入库，并为所有入库商品建档。

5. 选择“库存管理→库存指标”选项，设定单品上下限。

6. 选择“库存管理→智能补货”选项，进行缺货补货。

7. 选择“库存管理→盘点初始化→盘点数据录入→盘点进度报告→盘点结束审核”选项，分别进行相关操作。

实训报告

1. 实训过程。

2. POS 系统的功能。

任务十六

POS 系统操作实训 2

实训设备

POS 机，进销存软件，超市货物。

实训目的

熟悉超市收银系统的各项操作。

实训内容

1．货物建档。

2．系统登录、前台当班、前台收银、销售明细、前台交班、修改密码、数据交换、练习收银和前台盘点。

实训步骤

1．系统登录。

双击“百威 9000 前台收银系统”图标，出现登录窗口，输入收银员编号和密码，按回车键进入系统。

2．前台当班。

显示本班的开始时间。钱箱金额表示输入当班时的钱箱零钱。输入完成后，按回车键保存，再进入“前台收银”界面。

3．前台收银。

进入“前台收银”界面，显示销售商品区、操作提示区、单据状态区三个区。操作提示区可按“F1”键进行隐藏和打开，单据状态区可按“Ctrl+F1”组合键进行隐藏和打开。

按“F11”键可查商品，按“→”键可修改数量，按“←”键可修改单价，按“↑”键可调至上单（行），按“↓”键可调至下单（行），按“Del”键可删除行，按“End”键可开钱箱。

4．前台交班。

前台如果收银结束，需到主界面选择前台交班。界面上会显示当天的当班时间、交班时间、班次。如需交班，按回车键即可。

5．练习收银。

该操作和前台收银的操作是一样的，只不过练习收银的数据不会上传到服务器。

实训报告

1．实训过程。

2．实训结果。

任务十七

自动识别操作实训

实训设备

扫描仪、条码及阅读器、磁卡及阅读器、IC 卡及阅读器、射频阅读器。

实训目的

了解各种自动识别技术的原理、特点与区别。

实训内容

1. 光学字符识别。
2. 条码识别。
3. 磁卡识别。
4. IC 卡识别。
5. 射频识别。

实训步骤

1. 用扫描仪进行文字识别及图片扫描。
2. 用条码阅读器扫描条码。
3. 用银行卡进行存取款操作。
4. 利用图书馆的门禁（校园卡）与防盗系统了解 IC 卡及射频识别。

实训报告

1. 实训过程。
2. 填写表 6-17-1。

表 6-17-1　各种自动识别技术的特点

	信息载体	信息量	读/写性	读取方式	保密性	智能化	抗干扰性	寿　命	成　本
条　码									
磁　卡									
IC　卡									
RFID 卡									

任务十八

RFID 系统操作实训

实训设备

RFID 硬件和软件系统、标签。

实训目的

1．掌握 RFID 读写器的使用方法。

2．学会运用软件通过读写器向 RFID 标签写入及读出数据，并设计简单的信息系统模型。

实训内容

利用高频 RFID 把信息写入卡片，并通过读写器阅读内容。

实训步骤

1．向卡片写入商品信息。

2．将卡片和对应商品绑定。

3．在物流过程中使用 RFID 读卡器读取商品信息。

实训报告

1．实训过程。

2．RFID 技术在物流中的应用。

任务十九

GPS/GIS 系统操作实训 1

实训设备

诺思 GPS/GIS 监控调度平台（GPS 车载设备、GPRS 无线通信系统及中心软件系统）。

实训目的

1．了解 GPS 的原理。

2．学会 GPS 简单的操作方法。

实训内容

1．地图操作。

2．车辆监控。

3．车辆调度和查询统计等常用功能。

实训步骤

1．地图操作。

地图操作包括指针选择、固定倍数放大、固定倍数缩小、无极放大、地图平移、保存当前地图、恢复保存过的地图、测量距离、测量区域面积、查找地名、更改地图、显示地图鹰眼、修改车辆显示图标。

2．车辆监控。

车辆监控包括车辆定位、已知车牌号查找车辆、查找地域附近车辆、车辆当前时刻位置查询、适时监控、限制行驶速度、车辆行驶区域设定、改变车辆回传 GPS 信号、查看报警信息、轨迹回放。

3．车辆调度：发送调度短信。

4．查询统计：选择“查询统计”选项，统计车辆行程数据。

实训报告

1．GPS 原理。

2．GPS 应用。

任务二十

GPS/GIS 系统操作实训 2

实训设备

计算机、GPS 监控平台（http://gps2.shedi.com）。

实训目的

1．了解 GPS 实时调度系统的组成。

2．了解 GPS 系统、GSM/GPRS 通信系统、GIS 地理信息系统、电子地图应用。

实训内容

1．实时查询船舶的位置和行驶数据信息。

2．定时监控船舶位置。

3．历史轨迹上传及轨迹回放。

实训步骤

查询表 6-20-1 中各船舶实时动态并将结果填写到表中。

表 6-20-1　船舶实时动态

船　　名	速　　度	经　　度	纬　　度	位　　置	时　　间	一月行驶里程
集海春						
集海江						
江海通 8 号						
江鹏 9 号						
江苏集 7 号						
江苏集 8 号						
通海集 8 号						
通海集 18 号						

续表

船 名	速 度	经 度	纬 度	位 置	时 间	一月行驶里程
外代沪 01						
武家嘴 12						
武家嘴 1009						
武祥 6						
徐铜集 10 号						
洲航 16						

实训报告

1．GPS/GIS 工作原理。

2．GPS/GIS 在物流中的应用。

任务二十一

物流沙盘操作实训

实训设备

多式联运沙盘。

实训目的

通过多式联运沙盘，了解各物流接点功能和多式联运的运作流程，增强学生对现代物流系统和流程的感性认识。

实训内容

1．了解机场、货运站、集装箱码头、海关、物流中心、配送中心、连锁超市等设施。

2．了解现代物流系统及其子系统的组成和运作流程。

实训步骤

1．参观、演示、分组讨论后进行模拟解说。

2．每位学生上交一份解说词并轮流解说。

实训报告

1．写出现代物流系统或某个子系统的组成及运作流程。

2．提交物流沙盘解说词。

任务二十二

物流岗位操作实训

实训设备

物流各岗位的设施、设备。

实训目的

了解物流各岗位的职能。

实训内容

1. 根据职业岗位群分析和职业能力培养要求设置实训岗位。

2. 各物流岗位按岗位职能要求进行模拟操作。

实训步骤

1. 客服部。

客服助理的工作包括：订单信息接收、处理、凭证录入、打印，客户、商品信息数据维护、监控和单据复审，客户关系管理等。

信息员（单据操作员）的工作包括：发货信息接收、处理、凭证录入、单据打印。

2. 商务部。

信息员（单据操作员）的工作包括：客户合约录入、维护、单据管理。

合约管理助理的工作包括：费率维护、合约审核。

3. 调度部。

运输调度员的工作包括：车辆配货配载处理、运输班线维护、车辆调度、审核，数据接收、制作单证。

仓储调度员的工作包括：库工任务调度、审核，数据接收、制作单证。

4．配送部。

信息员（单据操作员）的工作包括：配送单据接收、打印、反馈回单录入、车辆信息维护。

运输调度员的工作包括：配载管理、配送线路维护、GPS 监控管理、GPS 调度。

跟车员的工作包括：现场配送实施。

5．库管部。

信息员（入库理货）的工作包括：接收入库信息、核对单证、条码等单证制作。

信息员（出库理货）的工作包括：接收出库信息、出库理货、复核发货。

入库理货员的工作包括：入库货品的粗收、信息处理。

入库货品检验员的工作包括：细收货品、检验货品、信息处理。

库管员的工作包括：储位确认、在库盘点、移库管理。

出库理货员 1 的工作包括：越库发货操作、张贴条码、信息处理等。

出库理货员 2 的工作包括：产成品、原材料整箱发货管理、张贴条码、信息管理等。

现场作业助理：出入库现场作业信息处理、单据核对、反馈，库工人员信息维护、工人管理等。

6．库工部。

设备管理员的工作包括：库内物流作业设备维护、设备信息管理。

补货员的工作包括：整箱拆零、向流利货架补货。

拣货员 1 的工作包括：模拟摘果法，根据不同订单从流利货架上拣货。

拣货员 2 的工作包括：模拟摘果法，根据不同订单从流利货架上拣货。

作业人员 1 的工作包括：入库实际作业。

作业人员 2 的工作包括：出库实际作业。

7．委托客户（超市商场等）。

超市/商场收银员的工作包括：通过 POS 机收银后实现对超市/商场销售的模拟。

委托客户的工作包括：模拟物流公司的企业委托客户的销售。

各部门布局图如图 6-22-1 所示。

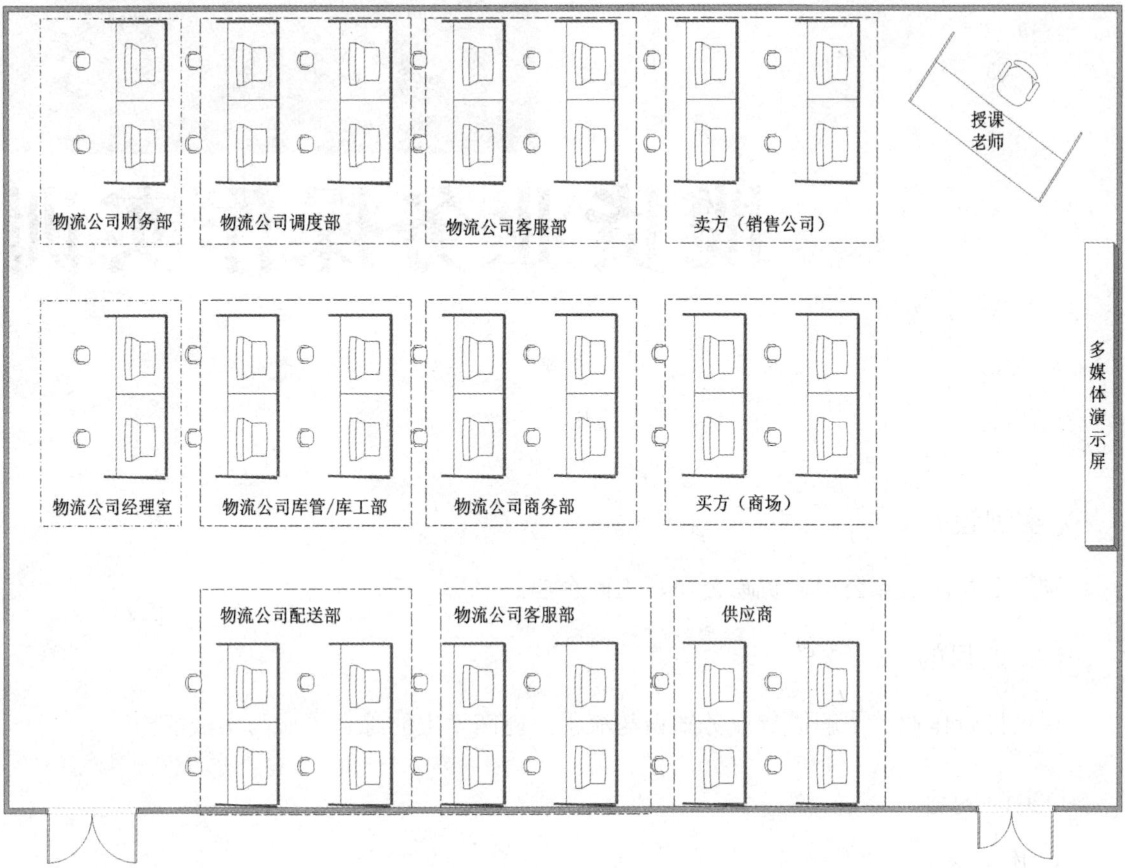

图 6-22-1　部门布局图

实训报告

对物流岗位的认识。

任务二十三

揽货业务操作实训

实训设备

物流公司、运输公司、贸易公司、工商企业。

实训目的

通过揽货作业，了解揽货业务知识与流程，提高学生的综合素质与实践能力。

实训内容

1．拜访客户。

2．业务谈判。

3．合同签订。

实训步骤

1．分组扮演不同角色，履行各自职责。

2．业务员两人一组，开展物流营销。

实训报告

总结得失，写心得。

附录 A 各种空白单证

商品入库验收单

发货单位：

发货单号数：

合同编号：　　　　　　　　　　年　月　日　　　　　　　　　存放仓库：

商品编号	品　名	规格型号	包装细数	单　位	单　价	应　收		实　收	
						数　量	金　额	数　量	金　额
合　　　　计									

会计：　　　　　　　　记账：　　　　　　　　验收：　　　　　　　　制单：

商品溢余短缺报告单

仓库：　　　　　　　　　　年　月　日　　　　　　　　No：

商品编号	品名	规格型号	包装细数	单位	单价	应收	实收	溢余	短缺	金额
溢余（短缺）原因										
处理意见										

仓库主管：　　　　　　　保管：　　　　　　　复核：　　　　　　　制单：

商品残缺变质报告单

仓库：　　　　　　　　　　年　月　日　　　　　　　　　　No:

商品编号	品　名	规格型号	包装细数	单　位	数　量	原来单价	原来金额	重估单价	重估金额	原　因

仓库主管：　　　　　　　保管：　　　　　　　复核：　　　　　　　制单：

商品卡

商品编号：　　　　　　　　　　　　品　　名：

包装细数：　　　　　　　　　　　　规格型号：

货 位 号：　　　　　　　　　　　　计量单位：

最低存量：　　　　　　　　　　　　最高存量：

年		摘　要	增　加	减　少	结　存
月	日				

领料单

日期：　　年　月　日　　　　　　　　　　发料日期：　　年　月　日

领用单位：　　　　　　　　　　　　　　　领料单号：

编　号	材料名称	规　格	单　位	领料数量	实发数量	备　注

批准人：　　　　　　　　　发料人：　　　　　　　　　领料人：

商品出库单

客户名称：　　　　　　　　　　　　　　　　　　　　储存凭证号码：

发货仓库：　　　　　　　　　　　　　　　　　　　　仓库地址：

发货日期：　　年　月　日

货号、品名规格、牌号	产　地	包装件数	单　位	数　量	单　价	总　价	实发数
		运费		包装押金		总金额	
		大写金额					

审核：　　　　　　　　　　　　　　　　　　　　　　制单：

商品库存盘点表

填报单位：　　　　　　时间：　　年　月　日　　　　单号：　　　　　　金额：　　元

编码	商品名称	规格	单位	单价（进价）	账面数		清点数		溢余（进价）		短缺（进价）		备注
					数量	金额	数量	金额	数量	金额	数量	金额	
1													
2													
3													
4													
5													
6													
7													
8													
9													
10													
本页金额合计													

单位负责人：　　　　仓储主管：　　　　保管员：　　　　制单：　　　　复核上报：

运输配送通知单

编号：

发货方：					
收货方：			地址：		
发货日期：			送达日期：		
货物编号	货物名称	型　号	单　位	数　量	金　额

委托方：

运输配送作业通知单　　　　　　编号：

托运人：					
承运人：					
收货人：			送货地址：		
出车时间：					
货物编号	**货物名称**	**型　号**	**单　位**	**数　量**	**金　额**

签收：　　　　　　日期：

仓储作业通知单　　　　　　编号：

货主：					
收货方：					
估计出车时间：					
货物编号	**货物名称**	**型　号**	**单　位**	**数　量**	**金　额**

签收：　　　　　　日期：

运输配送作业回单

车号：	车型：		驾驶员：	
出车：			送达时间：	
出货方：			送达地址：	
提货点：				
货物编号	**货物名称**	**类　型**	**重　量**	**收货方签字（盖章）**

运行部调度：　　　　　　日期：